こんな時代に たっぷり稼げる株の見つけ方

天海源一郎
Tenkai Genichiro

幻冬舎

こんな時代に　たっぷり稼げる株の見つけ方

ブックデザイン　折原カズヒロ
カバー写真 ©Takashi Images / Shutterstock.com

はじめに

本書のタイトルからは、株式投資で成功するために

・きっちりと経済について勉強しよう
・決算書をスラスラ読めるようにしよう
・〝○○法則〟に従って投資をしていこう

このような内容が想像できるかもしれません。
何よりも最初に申し上げておきたいのは

本書はそのようなことを提唱していないということです。

確かに経済のケの字も知らずに株式投資を行うのは難しいでしょう。
しかし、勉強する＝お金が儲かる、というものでないこともおわかりだと思います。

時間をかけて理解した「理論」も、実際に株式投資を行う際には「ヤマ勘」とそう変わらないものになるというのが、長年株式投資をしている私の実感です。

本書の背骨を貫いているのは

・今そうなっていることに素直になる（今の株式市場の枠組みを知る）
・株価を動かす主体をイメージする（投資家が株価を決定している）

というものです。

すでに日本の株式市場は約3年もの上昇相場が継続しています。その間に形成された枠組みは、そう簡単に崩れるものではありません。単純に株価だけのことを言えば、私はそう遠くない時期に日経平均株価は3万円に達するものと考えています。

時折、波乱はやってきます。が、波乱による下落が格好の買い場になり、反発後は想定以上の上昇になることが続くと見ています。

「ホントかな?」

「もうさすがにムリだろ」

このような声は常にあります。過去のデフレ局面で染みついた悲観的性分はそうそう消し去れるものではないからです。

そして、そのような見方はここまでの3年間ことごとくハズレになっているのです。

「いや、いずれそうなる」

「むしろ今の動きがおかしいのだ」

……付き合いきれない感じがしています。

私、そして読者のみなさんは「個人投資家」です。まだ株式投資をしていない方も個人投資家予備軍と言えます。自らのお金で、自らの才覚で、株式投資で儲けることをめざしています。

個人投資家の身上は「流れに乗る」ことです。自らが市場を動かす大きな存在にはならないのです。今の株式市場を動かす「外国人投資家」、さらに「年金資金」「日銀」などの様子を見て、彼ら〝組織（機関投資家）〟と同じような発想、同じような投資手法を用いることで成果を得ることができるものと確信します。

かつて個人投資家の多くがやっていた

・早耳特ダネ情報への傾倒

・ギャンブルまがいの投機

では、なかなか望むような結果が出ないでしょう。

特定の人だけが考えているようなことは今の株式市場を動かすものになっていません。ごく普通に、ごく自然に大きな資金は流れていきます。

それに「乗る」ことを主眼としていきましょう。もし、大きな資金の考えと違う指針を持っているのであれば、この機会にそれを矯正していきましょう。

「枠組み」と「投資家の動き」を意識するところから始まります。

ヤマ勘との訣別なのです。

売買手法についても本書では紙幅を割いています（第3章）。これについては、巨額の資金を投資する〝組織〟と同じようにはなりません。

個人投資家ならではのものが存在します。

日経平均が3万円になる時、いや、その過程で多くの個人投資家が株式投資で成功する一助となれば幸いです。

それでは儲け話を始めていきましょう！

天海源一郎

こんな時代に たっぷり稼げる株の見つけ方　目次

第4章

第1章

株式市場のカタチを知る

「数十年ぶり」が連発される現実

株式市場というフレームの中にお金（投資資金）が入ったかと思えば、反対に外へと出ていくお金があります。

こうした行為が延々と繰り返されているのが日々の株式市場での取引です。そして、こうした出入りの全体感を示しているのが日経平均株価のようなインデックス（株価指数）です。それが高くなっている局面ではお金が出ていくよりも入ってくるほうが多いことになり、逆の場合は出ていくお金が多いと考えることができます。誰にでも認識できるものと言えます。

2015年には、「数十年ぶり」の記録を連発することが多く見られました。

たとえば2015年5月15日〜6月1日には、日経平均が12日（営業日ベース）連

営業日数	開始日	背景
14	1960年12月21日	所得倍増計画
13	1988年2月10日	バブル景気本格化
12	1952年6月24日	朝鮮特需
	1953年1月5日	朝鮮特需
	1986年3月1日	バブル景気初期
	2015年5月15日	アベノミクス景気

戦後の日経平均連騰記録

続で上昇し、1986年3月と1953年1月、1952年6月の記録に並びました。

1986年はバブル経済が膨張し始めるスタートラインの付近で、1953年と1952年は朝鮮特需の頃に当たりますから、いずれにしても古い話です。

さらに調べてみると、1949年の戦後の東証再開以来の最長記録は1960年12月21日〜1961年1月11日の14連騰で、当時の池田内閣が「所得倍増計画」をぶち上げた頃でした。

バブル真っ盛りの1988年2月にも、それに次ぐ13連騰という記録が残っています。

歴史的な記録達成は、株式市場だけにとどまりません。労働市場においてもそれが見られます。

２０１５年４月には失業率が３・３％まで低下し、１９９７年４月以来（18年ぶり）の水準に達しています。有効求人倍率についても、１９９２年３月以来（23年ぶり）の水準まで上昇しています。

このように記録ずくめになってくると、心配性な人や近視眼的な人はこう呟いているように思います。

「やっぱり、今回も過熱しすぎてバブルになるのでは？」

「どうせまた、バブルが弾けて痛い目に遭うに決まっている！」

「現に、夏から秋にかけて株価が急落しちゃったし……」

確かに、8月からの波乱の端緒となった中国経済の減速はけっして楽観視できない情勢でしょうが、同国市場でガッツリと稼いできた企業を別とすれば、日本経済自体へのインパクトは限定的です。目先のパニック的な動きに翻弄されていると、肝心なことを見逃してしまいがちなのでご注意ください。

先程の労働市場の指標が示しているのは、日本の労働市場が「実質的に完全雇用の状態となっている」という歴然たる事実なのです。過去を振り返っても「何十年ぶり」となるレベルの絶好調なのですから、そのことを知った瞬間に私の胸の鼓動は高まっているというのが本当のところです。

安倍政権の手腕やアベノミクスの中身、その実現性などに関しても様々な賛否両論が飛び交っていますが、そんなことについてとやかく考えるのも不毛だと私は考えます。それ以前に何よりも重要視すべきは、政権が安定している（長期政権になっている）ということです。

誰が首相を務めようが、そのリーダーシップがどうであろうが、それよりも政権が長続きすることに意味があると思います。政策を実現できる可能性があるということにほかならないのです。時代を問わず日本経済を悪くしようという意図の政策は存在しません。しかし、政権が安定せず、コロコロと顔ぶれが変わり、政策が継続的に遂行できなくなることが、これまでの日本の大きな問題だったと思います。

そのことがいかに意義深いのかについては、景気の山谷以前に株価の推移が実に雄弁に物語っています。先程も指摘したように、戦後を振り返れば、歴史的な株価の連騰は50年代、60年代、80年代に記録されており、そうではなくなった90年代や2000年代にはほとんど見られていません。

言い換えれば、50年代、60年代、80年代には政権が比較的安定していたのです。不良債権処理などといったバブルの後始末に追われた90年代はともかく、00年代は小泉政権を例外として猫の目のように政権が替わっています（政権が安定してからの小泉政権下では株価上昇が顕著でした）。

どうかみなさん、目の前で起きている「数十年ぶり」の変化に目を向けてください。そして、それらが何を意味しているのかについて冷静に見極めれば、安定的な市場の動きの時に必ず出てきて、人を惑わせる「超悲観論」に左右されることはないでしょう。

少なくとも、私は個人投資家の1人として「今なぜ歴史的な事象が起こるのか」を重要視しています。

ようやくスタートラインについた日経平均株価

2015年の夏の気温は前半こそ「連日の35度超え!」というハイペースの飛ばしっぷりでしたが、太平洋高気圧のスタミナが切れてしまったのか、8月下旬以降は長雨続きで冷夏と呼んでもおかしくない状況でした。まるでその有り様をなぞらえるように、勢いよく上昇してきた日経平均が急反落し、あれよあれよという間に2万円を割り、1万7000円台まで下落してしまいました。

この下落を踏まえて、「これはまさしく〝終わりの始まり〟で、これから先は本格的な下落モードへと突入する」と警告する専門家もいるようです。それは本当なのでしょうか?

私の目には、まだまだ〝始まりの始まり〟の段階で、日経平均株価はようやくスタートラインについて、「用意、ドン！」のピストルが轟《とどろ》くのを待っている状況のように映るのですが……。

もちろん〝始まりの始まり〟だと宣言する以上、私には私なりの指針があります。それは「株価の動きそのもの」です。

そのことを知っていただくために、まずは平成バブルの頃からの日経平均株価の歩みを振り返ってみましょう。

改めて説明する必要はないかもしれませんが、日経平均株価の史上最高値は1989年末の大納会につけた3万8915円です。その前年の12月に初めて3万円台に到達し、わずか1年でさらに約9000円上昇しました。

しかし、1990年を迎えた途端に下落基調に転じ、その年の3月末には3万円を割り込んでいます。次第にマスコミでも「バブル崩壊」が囁《ささや》かれ始め、1992年の3月には2万円台も死守できなくなって、わずか1年数カ月で史上最高値のほぼ半値まで転げ落ちました。

1994年頃になってようやく下げ止まり、1996年までに反転の兆しがうかが

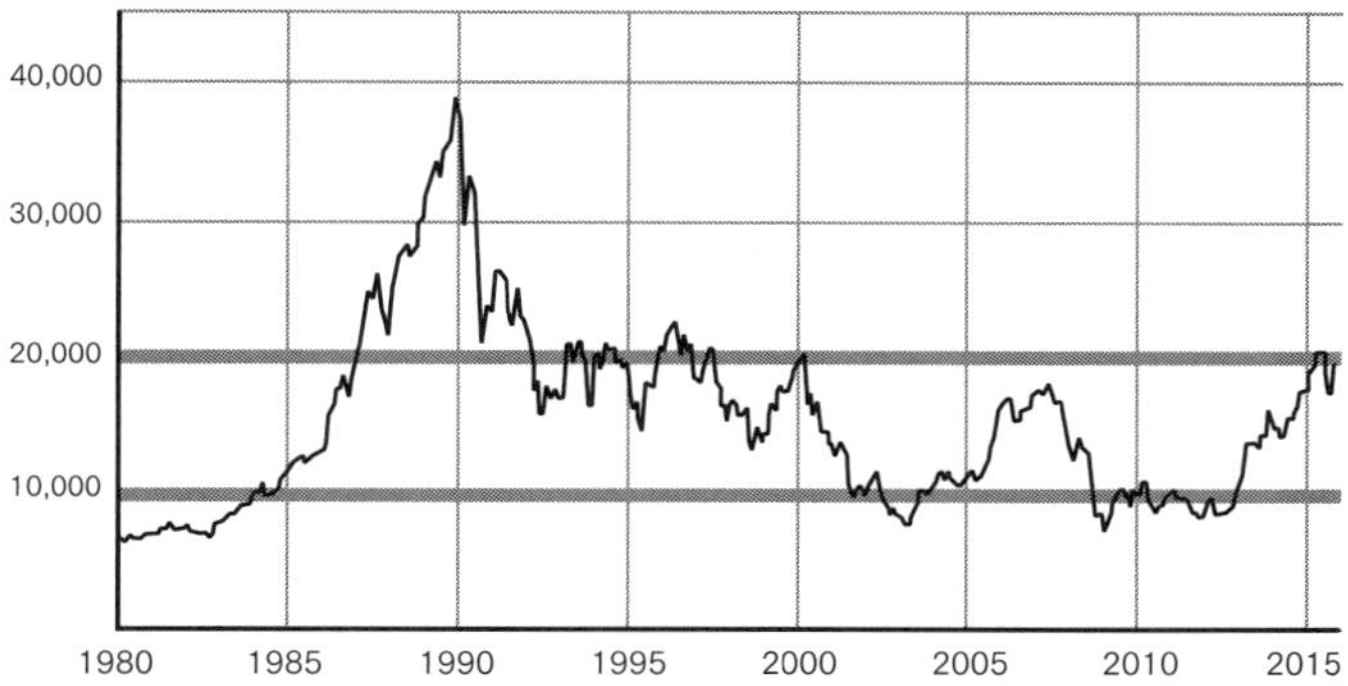

1980年代からの日経平均のチャート

えるようになったものの、反発局面は長続きしませんでした。バブル崩壊で発生した不良債権の処理を先送りし続け、本当の意味での処理ができていなかったのですから、当然と言えば当然のことかもしれません。

特に金融機関のバランスシートの痛み方がひどかったのです。

窮地に陥る住宅金融専門会社（住専）がバタバタと倒れ、いわゆる「住専問題」が深刻化し、それを嫌気し株価はまたしても急降下しました。

その後、国内景気が回復基調を示したのに先駆けて反発に転じましたが、当時の橋本政権が消費税引き上げ（3％→5％）をはじめとする〝国民負担増〟の政策（＝国の財政を立て直すことを優先した）をゴリ押ししたうえ、北海道拓殖銀行、山一證券を筆頭に大手金融機関の経営破綻が相次ぎ、日本において金融危機が起こったのです。

株価はまたしても奈落の底へと落ちていきました。

不良債権処理に追い立てられた大手銀行の間では〝貸し渋り〟が横行し、さらには、貸し付けていた資金を無理矢理引き揚げてしまう〝貸しはがし〟などという動きも出てきました。お金を借りたくても借りられない、借りていたものは早期に返済を迫られる……。

金融システム不安はクライマックスに達し、大手銀行への公的資金注入が決まるまで株価への不安は払拭できませんでした。

結局、不良債権処理に関して解決のメドが立ったのは2003年5月のりそな銀行の実質国有化でしたが、株式市場にはその前に短期間の〝お祭り騒ぎ〟がやってきます。1999年～2000年春の「ITバブル」がそれです。

「インターネットは産業革命に匹敵する大革新だ！」と騒がれ、実体のある銘柄だけでなく、今考えれば「？」と思えるような銘柄まで高値をつけました。が、宴が終われば株価も萎えるのが必然です。

しかも、2001年9月11日には米国で同時多発テロ事件が発生し、日経平均株価はいとも容易《たやす》く1万円を割り込みました。その後も一進一退で推移し、2003年3月には米国がイラクに戦争を仕掛けたことが嫌気され、20年ぶりに8000円を割ってしまいました。

今とは真逆の「数十年ぶり」が発生したわけです。

結局、日経平均が大底を打ったのは前述のりそな銀行国有化の直後でした。超低成長ではあったものの、形式上は戦後最長の「いざなぎ景気」を超える景気拡大局面が訪れ、「小泉郵政解散」のようなイベント的な政治の動きも発生し、2007年に米国発のサブプライムショックが発生するまで約4年間にわたって株価の上昇が続きました。

ちなみに、その低調ながらも期間だけは最長の好景気は、後に「いざなみ景気」と名付けられたようですが、あまり印象に残っていないと思います。

以後の展開については、まだ記憶に新しいところです。

２００８年９月のリーマンショック、２０１１年３月の東日本大震災とショックが立て続けにやってきましたし、期待された政権交代にもかかわらず民主党政権の迷走など、株価が上がる要因がほとんど見つからない状況が続き、２０１２年11月に当時の野田首相が衆議院解散を明言するまで株価の低迷が続きました。

こうして駆け足で振り返ってきた日経平均株価の推移を改めて見つめ直してみてください。

「１９８０年代からの日経平均のチャート」の１万円と２万円の水準に２本の平行ラインを引いてみると、すぐに気がつくことがあります。

バブル崩壊後、よほどの環境悪化を伴わなければ、日経平均株価は高値が２万円前後の水準にとどまっていることがわかります。逆に安値は１万円前後で揃っています。顧みてきたように、「○○バブル崩壊」「○○危機」が起きるとやはりその水準まで下落しました。

日経平均2万円水準については、もうひとつ別の見方ができます。

それは「スタートラインの水準まで戻ってきた」と見ることができるのです。「○○バブル崩壊」「○○危機」を経て、あるべき位置に戻ってきたのではないか？　という見方です。

この「2万円近辺」（上下3000円程度）の水準をキープする動きであれば、ここからかつてのように1万円台、1万円割れの水準に短期間でなるようなことがない、その気配がないのであれば……。

それはもう、「かつてとは違うのだ」と判断することになります。

株価が示していることにケチをつけてはいけないのです。

相場全体のトレンドは崩れそうで崩れていない

日経平均株価は2008年9月のリーマンショックからほぼ半年を経て大底を打ったものの、その後もドバイショック（2009年11月）や東日本大震災（2011年3月）といった波乱、民主党政権の迷走などが相次ぎ、歴史的な超低空飛行を続けてきました。この時期の「低迷」は単に株価だけのものではなく、相場の「活気」が消失してしまったかのようなものでした。

出来高、売買代金は低迷し、株価のボラティリティが低い状態が続く、何よりも投資家から見放されていた状態です。

2012年12月からアベノミクス相場が始まった途端、そのようなドン底から急反発して3年足らずのうちに2万円台まで駆け上がり、そこから波乱となったわけですので、「もう十分に上がりきったのでは？」と思うのも無理はありません。

しかし、そう結論づけるのはまだ早いと私は考えています。

ここまでの上昇過程においては、過去の日経平均2万円近辺の高値で手を出して含み損を抱えてしまったものの、ずっと辛抱して保有し続けた投資家から〝やれやれ売り〟が絶え間なく出ていたはずです（ようやくトントンのラインまで株価が回復したので、「やれやれ、やっと含み損がなくなった」という解放感から保有株を売ることを〝やれやれ売り〟と言います）。

長い時間、その資金を他に活用することもなく我慢し続けたのに、損もない代わりに利益もほとんどないというのは時間のムダのような気もしますが、とにかく市場ではその手の売りが大量に出ていたはずなのです。

ところが、そういった売り圧力をすべて吸収したうえで急ピッチの上昇を遂げてきたわけですから、いかに強い相場だったかがわかります。

過去を振り返ってみても、これほどまでに政府が熱心に株価を上げる政策を打ってきた例は皆無に近いと言えそうです。「所得倍増計画」の池田勇人首相（当時）ですら、所得の倍増には躍起になったものの、株価のことはここまで気にしていなかったはずです。

昔から相場の世界には「国策に売りなし」との格言がありますが、政府が執着していることもあってか、今回の長期上昇トレンドは崩れそうで崩れないタフネスぶりを発揮していると感じられます。

2015年8月末からの急落で日経平均株価が2万円を割っても下げ止まらず、「もう終わった……」と諦めかけている人も少なくないでしょうが、短気は損気です。目先の動きだけに惑わされず、もっと長い時間軸で相場の推移を見渡してみてください。きっと目先とは大きく異なる景色が目の前に浮かび上がってくることでしょう。

アベノミクス相場において、株価の上昇が際立ったのは2012年12月~2013年5月と、2014年10月~2015年8月でした。その間には、日銀による「異次元金融緩和」もありました。

しかし、それ以外の期間、たとえば2013年5月~2014年10月は横ばい（揉み合い相場）だったわけです。

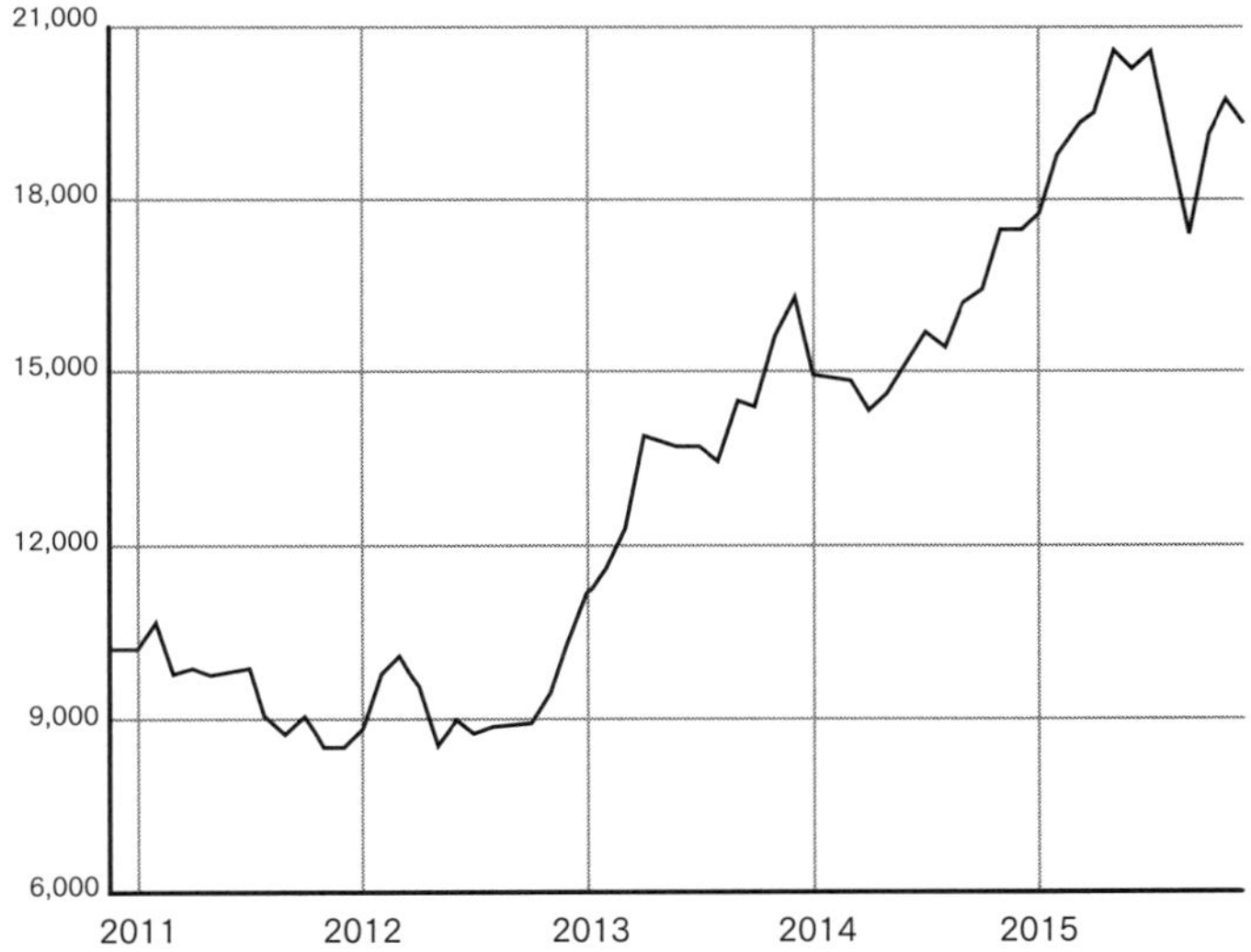

日経平均株価月足５年チャート

また、上昇が顕著だった局面においても、何度となく大きく下げるシーンがありました。常に相場は、前後に停滞期を挟みながら推移するものです。

リアルタイムで目先の株価の行方だけを追っていると、上昇傾向にあるのか下降に転じるのかという方向感がなかなか摑めません。「昨日は上がったけれど、今日は下がった」という日々を積み重ねながら、後に振り返ってみて初めて、「トレンド」が実感できます。

もちろん、こうした強い相場をいっぺんにひっくり返すぐらいの巨大なネガティブ材料が飛び出したら話は別です。しかしながら、今のところ日本発のそのようなものは見当たりません。

眉をひそめてこう思う人がいるかもしれません……。

「中国経済の減速は世界経済にとって深刻な事態のはず。しかも、短期的に解決する問題ではなさそうだ……」

ごもっともですが、前述したように、そのことが大きな痛手となる日本企業は限定的です。そもそも、中国経済が減速傾向にあることはわかりきっていました（中国政府自身もとっくのとうに成長率目標を引き下げています）。

格好の買い材料や売り材料と位置づけられるテーマは、短期的には相場を支配することがあります。

「中国がヤバイから売れ！」という動きには、やがて飽きが訪れることでしょう。けっして私は自分の価値観だけで述べているわけではなく、客観的な事実に基づいて話しています。ＧＰＩＦ（年金積立金管理運用独立行政法人）が運用方針を見直して日本株への投資配分比率を高めるなど、政府は株価の上昇に結びつく政策を着実に打ってきているのです。

それでもリアルタイムにおいては、「目立った成果が出ていない」といった苦言を呈する人が多いのです。

「非課税枠がたかだか1人年間100万円程度のＮＩＳＡ（少額投資非課税制度）なんて、〝貯蓄から投資〟の流れを生み出すはずがない」

こんな指摘も耳にタコの状況で、耳を傾けるのはムダかもしれません。国がやることにあれこれケチをつけたがる向きは多いのです。

目先だけ見つめて「ダメかも？」と臆病になっているよりも、株価の動きそのものを見て「まだ上昇トレンドは続いている」との見方を維持するほうがより現実的だと私は考えています。

ユニクロ、ファナック、ソフトバンクが支配する構図

ここでは「株式市場の中にあるフレーム」について述べたいと思います。

具体的には、「日経平均株価」というフレームの話です。

東証1部市場、そして日本株全体を代表する225社の株価をもとに算出されているので、「日経225」とも呼ばれています。ただし、225社の力関係はけっして対等ではありません。

企業としての優劣の話ではなく、日経平均という株価指数における構成比のことを

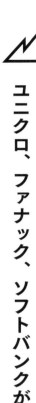

意味しています。

特定の銘柄が占めるウエートが高いのです。

特定の銘柄とは、ユニクロ、ファナック、ソフトバンクです。ここで「おや？」とクビを傾げた読者もいるでしょうが、間違えたわけではなく、意図的に「ユニクロ」と表記しました。ファーストリテイリングという正式な社名を挙げるよりも、ピンとくる人が多いと思ったからです。

驚いたことにこの3社で日経平均株価の約3割を占めるという構成比になっています。

つまり、これら3社の株価の動きが日経平均に大きな影響を及ぼしているのです。

日常生活においても、みなさんが持っている服のうちユニクロ製はどれくらいを占めているでしょうか？　もし、半分以上がそうだというのであれば、ユニクロ製品の大幅値上げは家計を直撃するはずで、個人消費にも影響を与えることになります。当然、日経平均株価にも影響が大きいです。

意外にも日経平均の構成比は正しいものなのかもしれません。

読者のみなさんには、これら3社のウエートが高いことが何を意味するのかについて改めて考えてもらいたいのです。

そうです。3社の株価が上がるか下がるかで日経平均の上昇・下落もほぼ決定づけられるということです。これらと比べれば、他の銘柄のインパクトは微々たるものと言えます。

このような指数における支配者的な銘柄の存在は、常に気に留めておいたほうがいいでしょう。実は平成バブル期にも、似たような構図で特徴的な動きが観測されました。

平成バブル期、そして戦後相場全体の（今のところの）大天井は1989年12月末ですが、実はその約半年前の段階で多くの主力株の上昇はピークアウトしていました。しかし、バブルの最終局面が迫るにつれて、ひとつひとつは時価総額が小さいものの総体ではそれなりの構成比があり、日経平均に採用されている繊維株や化学株が盛んに買い上げられ、日経平均もそれらに引っ張られる格好で上昇していったのです。

その動きはいかにも投機的でしたが、当時は繊維株や化学株の構成比がそれなりに大きかったからこそ、日経平均株価にも多大なる影響を及ぼしたわけです。

そして、先程から述べてきたように、今日の支配者はユニクロ、ファナック、ソフトバンクの3社です。

たとえばアベノミクス相場が始まった当初、ユニクロの株価は2万円程度でした。ところが、一時は6万円を大きく突破し、その後の波乱で急落した後も4万円程度を維持しています。元の株価に戻っているわけではないのです。

まさしく、日経平均株価がユニクロをはじめとする3社の株価の動きに大きく影響されながら動いてきたことがイメージできるでしょう。

だからこそ、これら3銘柄（できれば4番手のKDDIまで含めた4銘柄）の株価は毎日ウォッチしておくべきものと言えるでしょう。

その企業の将来性や、好き嫌いの話ではないのです。それらの株価は日経平均への寄与度、影響力が高いことが重要です。

「株価の転機」と思える動きがあったとして、それらの銘柄の株価の動きに最も早く変動があるのは動かしがたい事実です。

一方、ＴＯＰＩＸ（東証株価指数）はすべての銘柄の時価総額の増減を示すものですので、勢い時価総額の大きいセクター（業種）に支配される構図となっています。このため、銀行株がにわかに物色され始めると、ＴＯＰＩＸも急伸するといったパターンを辿るのですが、これも日々の動きの中で個人投資家にそれほど意識されていることとは言えないかもしれません。

こうした指数の特徴は日本に限ったことではなく、どこの国の株式市場、株価指数においても共通しています。最もわかりやすいのは、わずか30銘柄で構成されているニューヨーク市場のダウ工業株30種平均でしょう。なんとたった30銘柄で構成されている指数なのです。

そう言われると「その30社の株価の動きだけで米国株が語れるのか？」と疑問を呈したくなりますが、投資家はそれによってほぼ判断を下しています。

株価指数というといわば集団の中で、先頭に位置している銘柄を意識せずに、相場の流れを早く摑むことは不可能と言えるでしょう。

イマイチ銘柄がビックリ高値になる背景

2015年前半相場の特徴的な動きといえば、それは薬品株や食品株の上昇が派手だったことでしょう。それも、ドを頭につけて〝ド派手〟と表現するのが相応《ふさわ》しいほどの躍進ぶりです。

8月初旬に日経平均採用銘柄（225社）の年初来騰落率をランキングしてみたところ、上位10社中6社が薬品株もしくは食品株でした。過去には、あまり例を見ない状況です。

きっと株式投資ビギナーの方の場合は、こう述べてもクビをきょとんと傾げるだけで、あまりピンとこないかもしれません。

しかし、日常生活をイメージすれば、意外と容易くわかっていただけることでしょう。

ちょっと前の話ですが、一世を風靡《ふうび》した「食べるラー油」のように、食品業界でもメガ級のヒット商品が出るケースもありますが、よほどのことがない限り、売上が大きく浮き沈みすることはありません。

食品は必需品だから不景気でもコンスタントに売れる反面、好景気だからといってカレールウを2個も3個も余計に買い物カゴに放り込む主婦はまずいません。

薬にしても然《しか》りです。

「景気が悪いのに具合まで悪くなったら気の毒だから」と、ウイルスが人間の体内に侵入するのを躊躇《ちゅうちょ》するとはとても思えません。また、「景気がいいから奮発して普段よりも多めに風邪薬を飲もう！」なんてことをやらかせば、救急車のお世話になりかねません。

つまり、食品や薬品を手掛けている企業の業績は、景気の波にあまり左右されず安定しているということ。「安定」とは、「変化が少ない＝目立たない＝地味！」という話なのです。

順位	銘柄名	2015年初来騰落率（%）
1	明治HD	約88
2	資生堂	約87
3	エーザイ	約81
4	協和発酵キリン	約78
5	東京電力	約77
6	塩野義製薬	約71
7	中外製薬	約66
8	ヤマハ	約63
9	J. フロントリテイリング	約63
10	双日	約63
11	アルプス電気	約63
12	NTT	約59
13	JR西日本	約59
14	第一三共	約59
15	イオン	約57
16	日清製粉G	約56
17	TOTO	約53
18	NTTドコモ	約53
19	ニチレイ	約52
20	日東紡HD	約52

8月初旬までの2015年初来高上昇率銘柄（日経平均採用銘柄）

だから、食品株や薬品株は典型的なディフェンシブ（防衛的）銘柄に位置づけられています。

マーケットが弱含んでいる局面などで手堅く攻めたい場合に、高騰は期待しづらいものの暴落のリスクも低いこうした銘柄が物色されがちです。

逆に言えば、相場の上昇が顕著な局面では〝蚊帳の外〟に放置されて見過ごされるべき銘柄群でもあります。

にもかかわらず、２０１５年前半相場では盛んに物色されていたわけですから、まさしくこれは珍事です。

さらに驚くべきことには、株式市場ではかつてのバブルが残した〝負の遺産〟というイメージの強いＮＴＴ株まで上昇基調が鮮明になっていました。

バブル期に〝スッ高値〟で手を出してずっと塩漬け株にしていたシニアの方々も、多少は溜飲が下がったかもしれません。

食品や薬品と同様、ＮＴＴの業績もそんなに激しく変化しそうにないことは、もうすぐにピンとくると思います。誰かが電話をバンバンかけまくって、それで売上が急増したなんてことはないのです。むしろ、固定電話は凋落の一途を辿っていますし、ブロードバンド事業にもモバイル通信業者が参入してきました。

いったい、こうした異変とも呼べる物色傾向はどうして発生したのでしょうか？

結果的に投資家の多くは、「上がっている株がさらに上がることを期待して買う」というトレンドフォロー（流れに追随する投資）のスタンスを取ります（全員ではないですが）。

株価が上がることでさらに値上がりに拍車がかかるわけですが、最初の流れを生み出したのは、どういった投資家たちのどのような動きなのか？

その一因として考えられるのは、「インデックス運用」の拡大でしょう。インデックス運用とは、日経平均株価やＴＯＰＩＸなどといった指数に連動するパフォーマンスを着実に得ることを目的としたものです。

いわば平均点狙いの投資で、指数を凌《しの》ぐ成果は望めない代わりに、指数を下回る結果に甘んじることもあまりないという手法です。こうしたことから、保守的な運用を重んじる機関投資家などの間ではインデックス運用が主流となってきました。

その典型がＧＰＩＦ（年金積立金管理運用独立行政法人）で、先でも触れたように、政策（年金運用改革）を反映して日本株の配分比率を高めているわけですから、今までにも増してインデックス運用が拡大してきているのは自然な成り行きだと言えるでしょう。

個人投資家においてはコストが圧倒的に低いという観点から、インデックス運用の具体的な投資対象となってくるのは主にＥＴＦ（指数連動型上場投資信託）です。株と同じく証券取引所（市場）に上場しており、取引時間中ならいつでも時価で売買が可能となっています。

現に、このＥＴＦの運用資産残高は拡大の一途を辿っています。しかも、それは日本国内に限った話ではなく、世界的に見られる現象です。

数あるＥＴＦの中でも保守的な機関投資家が選考しがちなのは、よりボラティリティが低い（値動きが穏やかな）タイプ。つまり、極力リスクの低いものが好まれているということです。

では、そういった低ボラティリティのＥＴＦはどうやってリスクを抑えているのでしょうか？　どうやら、ディフェンシブ銘柄に属するセクターの組み入れ比率を高めることで、運用の安定化を図っているようです。

もう、おわかりですね。

「インデックス運用の拡大に伴って低ボラティリティのＥＴＦが盛んに買われて運用資産残高が拡大→おのずとディフェンシブ銘柄がさらに組み込まれていく→株価が動き出すことから、トレンドフォローの投資家から追随買いが入る→株価高騰」という流れが生じたわけです。

これぞ、イマイチ銘柄がビックリ高値をつけた背景です。

「バラ色の未来」「高度成長」が買われるわけではない

世界一の時価総額を誇っている銘柄、それはｉＰｈｏｎｅやｉＰａｄで知られる米国のアップル社です。グローバルに革命的な製品を次々と輩出しているのですから、当然と言える評価でしょう。

しかし、こうした結果があらぬ誤解を生じさせているとも言えます。おそらく、冒頭の話を耳にしてこう思った読者もいるのではないでしょうか？

「ああ、せめてｉＰｈｏｎｅが世に出て間もない頃に、いち早くアップルの株を買っておけば、かなりオイシイ思いができただろうに……」

確かに、アップルの株価はｉＰｈｏｎｅが初めてリリースされた頃から比べて、ケタが１つ増えています。低迷時には18ドルを切っていたのに、２０１５年には一時１３０ドルにまで達していました。

このような結果を目の当たりにすれば、イノベーションを起こして高度な成長を遂げる企業こそ、株価の大化けを期待できる銘柄と考えるのが真っ当なように思えてくるでしょう。

「ｉＰＳ細胞を用いて云々」とか、「植物性プランクトンでジェット燃料を創り出し……」とかいったバラ色の未来が広がりそうな話を聞くと、今のうちにそれらの関連企業を買っておくべきだと考えがちです。

しかしながら、そういった株を買って報われるか否かは、まさしくイチかバチかのギャンブルに近いのが現実です。率直に言えば、低迷時にアップルを買い、そのまま持ち続けていた人は「一生に一度の幸運」が訪れたというのが正解で、その後のことがわかっていたわけではないのです。

そして同社以外のイノベーション系企業では投資家の期待を見事に裏切っているケースのほうが圧倒的に多いのです。

実際、そのことは株価にも反映されています。

ベンチャー企業が上場する場である東証マザーズ市場の指数（東証マザーズ指数）に注目してみると、2013年につけた高値超えに3度トライして失敗し、日経平均株価とは比べものにならないくらい大きく下落していることがわかります。

つまり、短期的な株価の動きをモノにした場合を除き、東証マザーズ市場の銘柄に目をつけた投資家は、この数年ほとんど儲かっていなかったということになります。

先に触れた薬品株や食品株の上昇が目覚ましかったのとは、つくづく対照的な結果

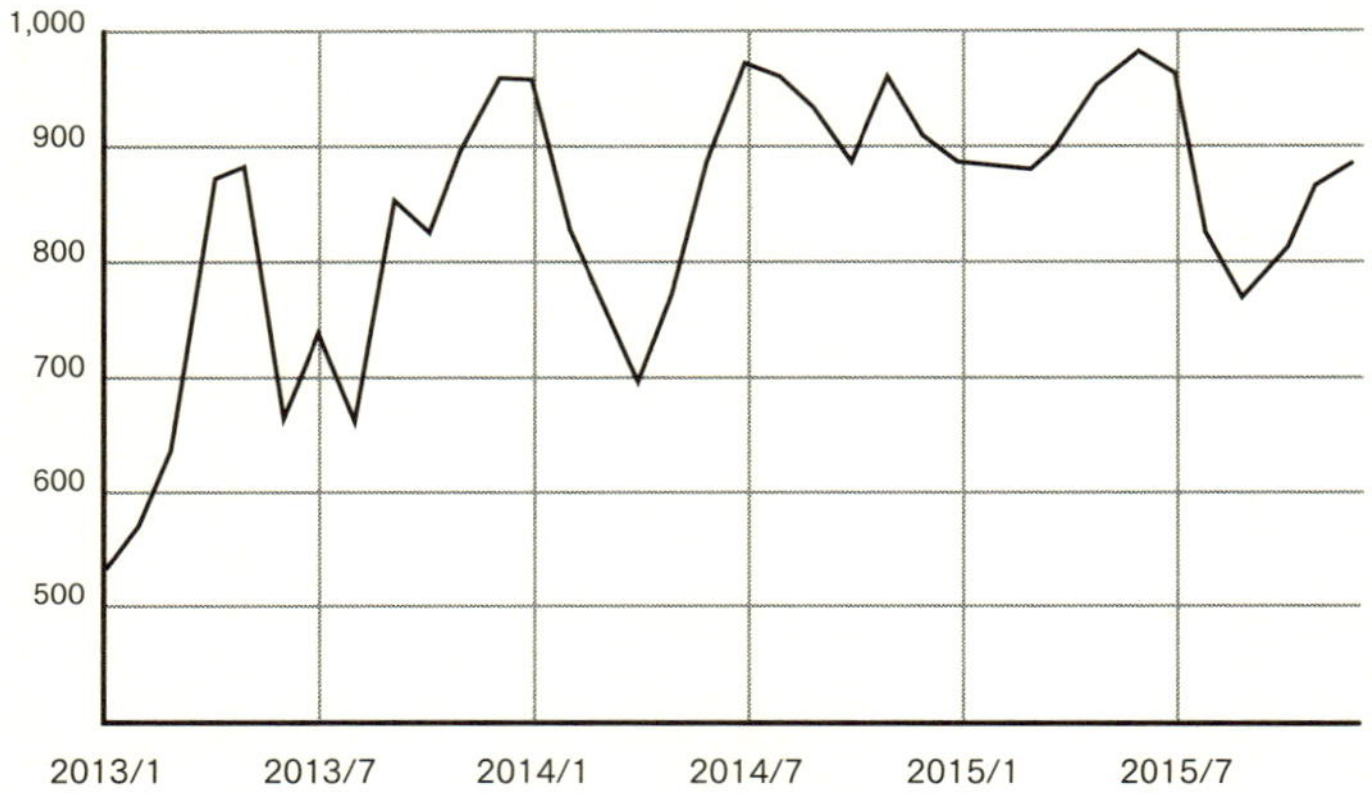

東証マザーズ指数月足3年チャート

であると言えるでしょう。

東証マザーズに籍を置くベンチャー企業は、薬品株や食品株と比べればはるかにバラ色の未来を描くことが可能です(製薬会社にも夢の新薬を開発するというサクセスストーリーはありますが)。

しかし、現実に投資家が売買し、株価が上昇したのは、もっと地味な銘柄だったわけです。

ただし、それらは未来に関しては地味であっても、目の前の現実は投資家の目にかなり派手に映っていました。株価が急伸していたからです。

その背景については前述しましたが、

物色が活発化した銘柄にはさらに多くの投資家が群がり、株価がいっそう上昇するという好循環が生まれがちです。だからこそ、人気化している銘柄はとことん買われ、不人気の銘柄はずっと見過ごされるという二極化が顕著になっていきます。

つまり、圧倒的多数の投資家たちは「未来の躍進（の可能性）」ではなく、「目の前で株価が動いているという現実」を重視しているということになります。

10年後に大きな結果が花開くのを気長に待っているという投資家はあくまで少数派であって、大半は目先の株価の動きを追いかけていることになります。

市場の主たる流れがそのようになっている以上、逆らっても好ましい結果は得られないでしょう。10年後の大躍進に大きな期待を寄せていたのに、あっさり途中で花が枯れてしまうパターンも少なくないのです。

だとすれば、目の前で明らかに発生している流れに注目し、それに乗ってしまうほうがはるかに確実ですし、即座に成果も得られます。

もちろん、山中伸弥教授がノーベル賞を獲得した直後にiPS細胞が株式市場でテーマ化した局面などのように、多くの投資家が注目していれば関連銘柄の株価は上昇しやすいですが、それが長続きすることは稀です。

要は、目の前の株価の動きを見て、すでに上昇し始めている銘柄に飛びつくスタンスです。多くの投資家がそのスタンスでいるのです。多くの投資家がそのスタンスでいる以上、それは「主流」になります。そうした動きの先頭に位置しているのは、先程も指摘したユニクロ、ファナック、ソフトバンクなどの銘柄です。

ぜひともすべての個人投資家は、買う、買わないは別として、株価ボードにユニクロを入れておき、こまめに推移をチェックすべきです。既存店売上の推移に引っ張られるなど、ミエミエの動きをするという面でも、なかなか観察しがいのある銘柄です。

日本株全体が頭打ちになってきたら真っ先に売られる銘柄でもありますし、上昇局面では真っ先に買われる銘柄です。相場のバロメーターとしても有効活用できます。

逆に、時価総額が小さなベンチャー企業の株価をいくら追いかけてみたところで、相場の動きの参考にすることは難しいでしょう。

「将来の業績の変化」ではなく、「目の前の株価の変化」に真っ先に目を向けるのがよさそうです。

第2章

有象無象の投資家の動き

主導権を握っているプレイヤーは誰か

あらゆるゲームにおいて、必ず主導権を握っているプレイヤーが存在しています。もしも存在しなかったとしたら、そのゲームの決着はつかないことになるでしょう（主導権を握ると必ず勝つというわけではありません）。

株式市場も然りの部分があります。

主導権を握っている投資家の動きに応じて、いずれの銘柄に人気が集まるのかが決定づけられてきます。彼らが一体誰で、どんな動きをするのかを察知し、それに追随することは、必ずではないにしても「勝ちに近い」と考えます。

ちなみに個人投資家が主導権を握ることはありません。振り返れば、そのように見えるときがあったとしても、その端緒は「ほかの投資家に追随」です。

個人投資家は少ない資金、小さい単位の集まりですので、初手の動きを握るのは難しいと考えられます。

では、主役を張っている投資家とはいったい誰なのか？　こうした観点から市場を分析する際に、必ず客観的データとして引っ張り出されるのが、毎週第4営業日（通常は木曜日）の午後3時に東京証券取引所から発表される「投資部門別売買状況」です。

市場参加者を海外投資家（外国人投資家）、国内の金融法人、国内の事業法人、個人などといったいくつかのカテゴリーに分類したうえで、各々が1週間のうちに日本株をどれだけ買ったのか（売ったのか）を東京証券取引所が集計し、発表しています。

この調査を見れば、最も多く売買しているプレイヤーが誰なのかが判明するわけです。多少なりとも株式投資のことを知っている人なら、日頃から見ているかもしれません。

メインプレイヤーは外国人投資家です。

実に売買シェアの約6割を占めています。

「今さら、わかりきっていることを言うなよ！」と叱られそうですが、避けては通れないことでもあります。

私が訴えたいのは、ここから先の話についてです。

とかく一般的な市場分析では売買シェアにばかり終始し、投資部門別の保有比率にはあまり目を向けていません。しかし、私はその推移にぜひとも注目するべきだと考えています。

そこで、次ページのグラフに注目してください。90年代初めにバブルが弾けた頃まで、外国法人等（外国人投資家）の保有比率はわずか5％程度にすぎませんでした。しかし、その後着実に比率は拡大していき、現在は最も高くなっています。

これに対し、逆に減少傾向を示してきたのが事業法人や都銀／地銀等、生命保険・損害保険の保有比率です。

個人投資家の保有比率には目立った変化がなく横ばい傾向で、残る信託銀行（年金資金など）は00年代初めまで増加した後、横ばいに転じています。

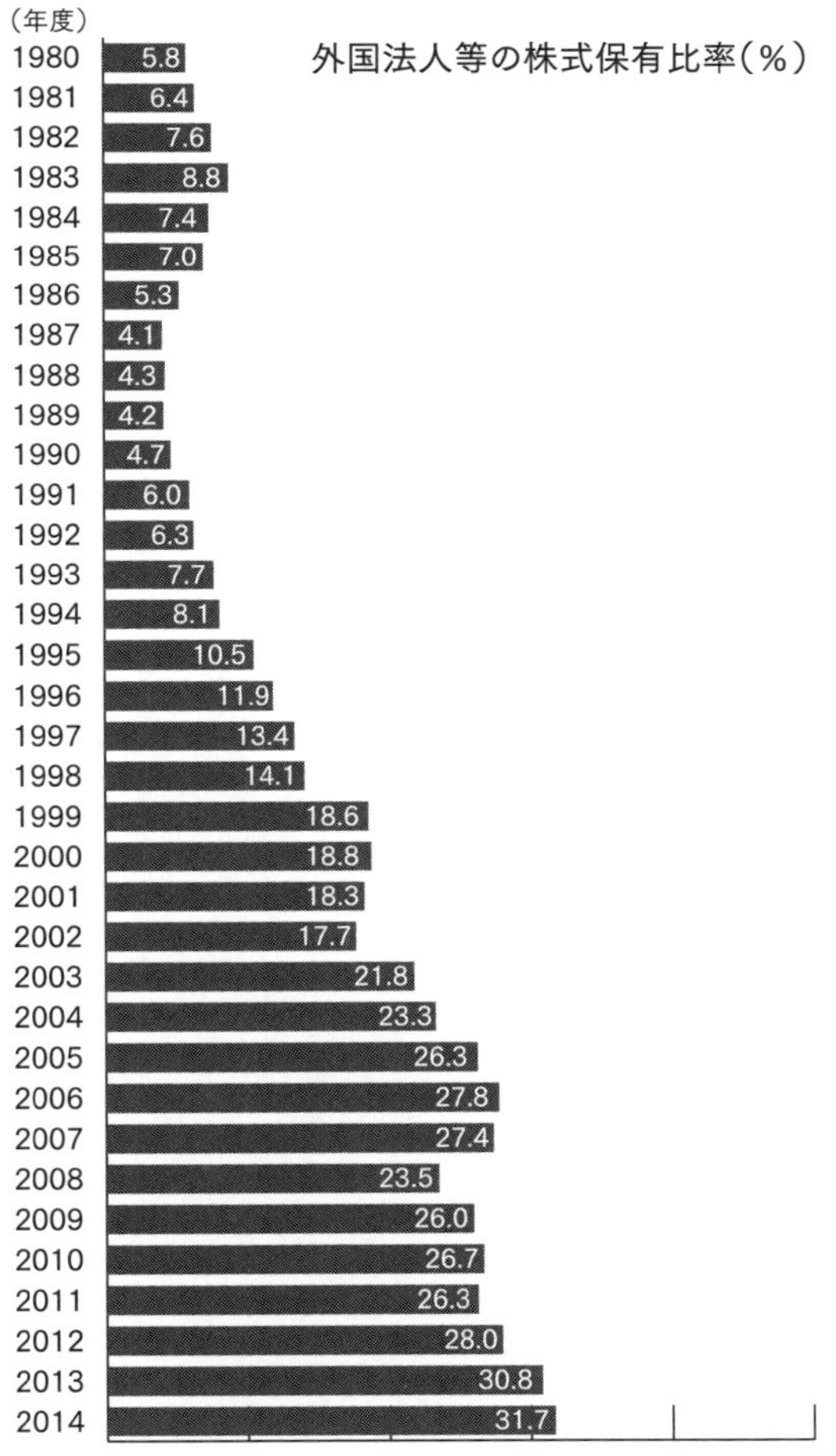
外国法人等の株式保有比率（％）
（年度）
1980 5.8
1981 6.4
1982 7.6
1983 8.8
1984 7.4
1985 7.0
1986 5.3
1987 4.1
1988 4.3
1989 4.2
1990 4.7
1991 6.0
1992 6.3
1993 7.7
1994 8.1
1995 10.5
1996 11.9
1997 13.4
1998 14.1
1999 18.6
2000 18.8
2001 18.3
2002 17.7
2003 21.8
2004 23.3
2005 26.3
2006 27.8
2007 27.4
2008 23.5
2009 26.0
2010 26.7
2011 26.3
2012 28.0
2013 30.8
2014 31.7
0
10
20
30
40
50

果たして、これらから何がわかるのでしょうか？

まず、ざっくりと言えるのは、平成バブル崩壊後の〝失われた20年〟と呼ばれる低迷期に株式市場の勢力図が大きく変化しているということです。

その時代に「企業と銀行間の持ち合い株の解消」が進んでいったという話は、おぼろげながらも頭の隅っこに残っているのではないでしょうか？

系列同士でそれぞれの株を保有したり、メインバンクが融資先の株を保有したりと、かつての日本では事業法人や金融機関が株を持ち合うケースがよく見られました。

保有株を売却し、こうした関係を止めるのが「持ち合い解消」です。メインバンクやグループ企業などにまとまった株を保有してもらうと資本面が安定化する反面、一般の株主の意向がないがしろにされがちになったり（つまり、現在求められているような株主重視の経営からは程遠くなる）、業績不振企業の株を持っていることが経営面にマイナスになったりと、いくつかのデメリットも抱えています。

バブル崩壊後に株価が下げ続けたこともあってマイナス面のほうばかりが取り沙汰されるようになり、事業法人はそれまで保有していた株を粛々と売ったわけです。もちろん、金融機関も同様です。

特に目立った変化がうかがえたのは、90年代末期だと言えるでしょう。前述の「持ち合い解消」とともに金融機関の不良債権処理も進められて、日本経済の悪化、その病状が最も重篤であった頃に該当します。

外国人投資家は、「日本はもう終わりだ！　日本の銀行の格付けはさらに下がる！」と脅しのように喧伝されていた時に、密《ひそ》かに日本株を買ってきた格好です。

騙されたような気分になるのが実際のところです。

今後もこうした比率には変化が生じる可能性はあるものの、少なくとも今は保有比率でも売買シェアでも外国人投資家がトップにあることを忘れてはなりません。

外国人投資家にも長期的に保有するタイプの投資家だけでなく、ヘッジファンドに代表されるように、短期間で盛んに売買を繰り返すタイプの投資家がいます。そして、短期間に派手に売買をする投資家が増えてくれば、おのずと相場の値動きは激しくなってきます。

「ショック」に限りなく近い急落や、2015年9月9日の日経平均（1343円高

／上げ幅としては過去6番目）に象徴されるような急騰が珍しくなくなったのも、外国人投資家がケタ違いの規模で売買を繰り返していることが関係しているでしょう。

つまり、今後もそういった事態は容易く起こりうると覚悟しておくべきです。

無論、私はそのことがいいとか悪いとかといった話をするつもりはありません。その可能性を念頭に置けば、冷静に対応できる、いやそのつもりでいなければならないということを訴えたいのです。

ところで、値動きが荒くなるといえば、意外と誤解しがちなポイントがあります。「2〜3日で1000円も下げた！　暴落だ！」などと慌てふためく声をよく耳にしますが、株価の水準が高くなればおのずと値幅も大きくなるので、そのことを踏まえずに感情的になりすぎるのは考えものです。

現に、日経平均株価の過去最大の上昇幅は1990年10月の2676円で、1987年10月の2037円がそれに次ぎます。2015年9月9日に記録した1343円は歴代6位の記録で、5位以上はいずれも日経平均株価が2万〜3万円台に位置していた局面で発生しています。

一方、史上最大の下落幅は1987年10月の3836円で、次が1990年4月の1978円。2位の記録はバブル崩壊後ですが、1位は日経平均株価が史上最高値をつけるはるか手前で起こっています（ブラックマンデー時）。

アベノミクス相場が始まってから何度となく訪れた急落記録は上位10位までには入っておらず、2013年5月の下げ（1143円）がようやく11位にランクインした程度です。リーマンショックの翌月に該当する2008年10月（1089円）も14位止まりですが、下落率でランキングし直すと、史上第2位の記録となります。

話が少しわき道に逸《そ》れてしまいましたが……。

外国人投資家は先物取引やオプション取引まで駆使して、現物保有に対するヘッジ売りなども行っており、彼らの行動がかなりの影響を及ぼすことは間違いありません。その善し悪しはともかく、日本の株式市場は彼らの動き抜きには語れないことを認識しておいたほうがいいでしょう。

これは「日本人の皮膚感覚」「日本人の庶民感覚」「街角の声」などを基準として株式投資を行うことが難しいことを意味します。

順位	年月日	日経平均終値(円)	上昇幅(円)
1	1990.10.02	22898.41	2676.55
2	1987.10.21	23947.40	2037.32
3	1994.01.31	20229.12	1471.24
4	1990.03.26	31840.49	1468.33
5	1990.08.15	28112.12	1439.59
6	2015.09.09	18770.51	1343.43
7	1992.04.10	17850.66	1252.51
8	1988.01.06	22790.50	1215.22
9	1997.11.17	16283.32	1200.80
10	2008.10.14	9447.57	1171.14
11	1990.04.09	30397.93	1119.15
12	1990.09.10	25080.90	1118.83
13	1991.12.13	22754.90	1042.33
14	1990.11.13	23973.67	1041.87
15	1990.04.06	29278.78	1029.72
16	1992.08.27	17555.00	1013.35
17	1991.01.17	23446.81	1004.11
18	1990.08.27	25141.76	976.00
19	1990.12.07	23522.49	969.39
20	1995.07.07	16213.08	956.19

東証再開（1949年）後の日経平均の上昇幅ランキング

順位	年月日	日経平均終値(円)	下落幅(円)
1	1987.10.20	21910.08	-3836.48
2	1990.04.02	28002.07	-1978.38
3	1990.02.26	33321.87	-1569.10
4	1990.08.23	23737.63	-1473.28
5	2000.04.17	19008.64	-1426.04
6	1991.08.19	21456.76	-1357.61
7	1990.03.19	31263.24	-1353.20
8	1987.10.23	23201.22	-1203.23
9	1990.02.21	35734.33	-1161.19
10	1990.08.13	26176.43	-1153.12
11	2013.05.23	14483.98	-1143.28
12	1990.09.26	22250.62	-1108.70
13	1987.10.26	22202.56	-1096.22
14	2008.10.16	8458.45	-1089.02
15	1990.08.22	25210.91	-1086.93
16	1995.01.23	17785.49	-1054.73
17	1990.03.30	29980.45	-1045.71
18	2011.03.15	8605.15	-1015.34
19	1990.03.22	29843.34	-963.85
20	1994.01.24	18353.24	-954.19

東証再開（1949年）後の日経平均の下落幅ランキング

なお、00年代半ば頃から事業法人の保有比率が減少から横ばいに転じ、信託銀行（年金）の保有比率が安定的に推移していることにも相応の裏事情があります。

株主重視の経営を求められるようになって、事業法人は「発行済み株式数の減少→株価上昇」という効果を期待できる「自社株買い（と消却）」に力を入れ始めました。おそらく、そのような動きが影響して横ばいとなっているのでしょう。信託銀行については、年金資金を運用するＧＰＩＦ（年金積立金管理運用独立行政法人）の運用改革によって日本株の比率が引き上げられたことから、日本株保有比率拡大につながったと思われます。

個人投資家については、「現金」での売買は基本的に売り越しとなっており、「信用取引」では買い越しとなっています。

しかしながら、個人の売り越しトレンド（現金での取引）にもいずれ変化が出てきそうです。

高齢化の進行とともに親から子、孫へと資産が継承されていきますし、株価の長期的な上昇は長年の〝塩漬け株〟が市場へ放出されるキッカケとなり、株式投資に対するスタンスの変化に寄与します。

こうした動きに伴って、個人投資家まで含めたすべての投資主体がオール買い越しになる期間が見られることが多くなるかもしれません。

外国人投資家は「ある陰謀」を胸に秘める

唐突ですが、終戦後の日本経済の再スタートは財閥解体に端を発したと言えます。

1945年9月にマッカーサー率いるGHQ（連合国軍総司令部）は、三井、三菱、住友、安田の4大財閥を解体することを明らかにしました。これにより、財閥の総本山（本社）や傘下企業の株式は強制的に処分・放出されたのです。結果的に、それらを入手することを通じて個人の株主が大幅に増えました。

財閥解体以前の株主は、経営者側にとって都合のいい友好的な立場の株主ばかりでした。しかし、多様な株主が出てきて、経営に口を挟んでくる事態も想定されるようになりました。

これを嫌う経営者がいるのも理解できなくありません。

そこで、旧財閥系の企業（特に系列の金融機関）はあちこちに分散してしまった株式を買い集めました。

察しのいい読者の中には、すでにお気づきの人がいらっしゃるでしょう。

その通りです。

こうした動きこそ、金融機関や事業法人の「株式持ち合い」を活発化させる源流となっていったわけです。

１９５０年の時点で23％程度だった安定株主（主に友好的な法人株主）の比率は１９５６年に41％超まで拡大し、その後は若干伸び悩んだものの、60年代後半から再び増加傾向を示し、１９７４年には62％超、バブル絶頂期の１９８９年には70％余りにまで膨らんでいます。

しかし、バブルの崩壊で金融機関が大量の不良債権を抱え込み、リスク資産を売却せざるをえなくなったことから、こうした関係には急激な変化が訪れることになります。

銀行を中心に金融機関はせっせと保有株式を売却して現金化し、自らの資本増強を進めました。

そのタイミングで「待ってました！」とばかり、すかさず買ってきたのが外国人投資家です。

別の側面から見ると、外国人投資家は誰かに株を売ってもらわなければ日本株を買うことができません。

大量に買うためには、大量に売る投資家が要るわけです。

そういえば、昔から「持ち合い株」を非難し、「持ち合い解消」の動きを提唱してきたのは、ほかでもない外国人投資家です。

「互いに株式を持ち合っているなんて、経営の自由度が低くて何かと問題デスネ。もっと日本企業は、グローバルスタンダード経営を実践すべきデス！」

もしかすると……日本株をもっと買いたい彼らの「陰謀」かもしれません。

日本には優良な企業が多いので、日本株をもっと買いたい。しかし、誰かに売ってもらわなければ買うことはできない。

誰に、どこに売らせようか……そうだ！　「持ち合い株」だっ！

このような考えから、持ち合い株の弊害を訴えてきたのかもしれません。

結果、日本企業は「持ち合い解消」を推進し、外国人投資家の思惑通り進んでいます。

2015年は特定の局面を除いて出来高がずっと細っていました。売りものが極端に少なかったのです。これは株を買いたくても十分に買えないことを意味します。

そこで、外国人投資家たちは「モチアイカイショウ！」とはやし立て、大口の売りを誘っているようにも見えます。

今、日本企業は「持ち合い解消」に対してポジティブな姿勢を示しています。三菱UFJフィナンシャル・グループは保有株式から得るべき収益率に関して基準を設け、それを下回るものをバッサバッサと見切り売りするそうです。

また、三井住友フィナンシャルグループも持ち合い株の削減について具体的な数値目標を掲げています。残るメガバンクの1つであるみずほフィナンシャルグループも、「保有の意義が認められる場合を除き、保有しないことを基本方針とする」と宣言しました。

こうして「持ち合い解消」がさらに進むことには、メリットもあります。けれど、その一方で「しめしめ……」とばかりに市場に放出された株を買っている（外国人）投資家もいるわけです。

2015年夏場の急落以降は売り越してきたものの、基本的にアベノミクス以降の彼らは日本株を積極的に買うスタンスを貫いています。なぜなら、「日本株を持たざるリスク」が表面化しているからです。

日本、欧州、米国の株価指数をドルベースに換算して比較すると、日本株のパフォーマンスのよさが際立ちます。

大口の投資家は日本株への投資を減らすことができない状況です。

もちろん、ヘッジファンドのように短期売買の投資家もいますが、彼らはあくまで外国人投資家の一部にすぎません。

基本的には日本株に対し買いスタンスを取り、できるだけ安値で買えるように、あの手この手を繰り出してくる外国人投資家の姿をどうかくれぐれも忘れないでください。

公的・準公的資金は果てしないのか

アベノミクス以降の株式市場では「ホエールウォッチング」がちょっとしたブームになっていました。ホエール（クジラ）といっても、海にいるクジラではありません。図体がデカイ（動かす資金がハンパではない）ことから、GPIF（年金積立金管理運用独立行政法人）をはじめとする公的・準公的資金のことをクジラにたとえつつ、その動きに大いに注目していたのです。

そして、「（短期売買の）外国人は上値を買い、下値を売る激しいことをするけど、クジラは下値を着実に拾いにくる」と信頼感抜群の投資家とされてきました。

ＧＰＩＦ（年金積立金管理運用独立行政法人）は前身である年金福祉事業団が衣替えされ２００６年に設立された機関で、公的年金（厚生年金と国民年金）の積立金を運用しています。

私たちの老後の生活を左右する機関と言っても過言ではありません。

運用資産は約１４０兆円、巨大な政府系ファンドとして名高いノルウェー政府年金基金の2倍超に達し、世界最大規模と目されるアブダビ投資庁さえはるかに凌いでいます。

つまり、世界最大規模の投資家ということです。

さらに、同じく公的年金である共済年金（２０１５年10月より厚生年金と運用一元化）は、地方公務員共済組合連合会、国家公務員共済組合連合会、日本私立学校振興・共済事業団がそれぞれ運用していました。

そこで、ＧＰＩＦと共済年金3機関、さらに日銀をまとめて「クジラ」と表現するマスコミもあります。私にとってはクジラであろうがイルカであろうがどちらでもいいことなのですが……。

ここで注目すべきは、運用一元化によって共済年金がＧＰＩＦと同じ資産構成を目標と定めたことです。

いち早くＧＰＩＦは国内株の保有比率を目標値25％まで拡大させており、３つの共済も「右にならえ！」でこれに従うわけです。現状、各々の日本株保有比率にはバラツキがあり、地方公務員共済組合連合会は20％超に達していますが、国家公務員共済組合連合会は12％台にとどまっています。

したがって、「クジラ」はこれからも日本株を買ってくることが見込まれるわけです。

その一方で、こんな指摘もあります。

「すでにＧＰＩＦは、基本ポートフォリオとして定めている保有比率25％にかなり近い水準まで日本株を買っており、余力はほとんど残っていない」

日々、運用状況が公開されるわけではないので、投資部門別売買状況からの「推計」に頼る部分もありますが、２０１５年４～６月期にＧＰＩＦは１５００億円程度に及ぶ日本株を買い越した様子です。そのままであれば、「もうお腹いっぱい」ということにもなりかねません。

しかしながら、その後に何が起きたのかについて、読者のみなさんはお忘れではありませんよね。

そう、日経平均株価が2万円を割って、急落する展開が待ち受けていました。

株価が下がれば、おのずとGPIFのポートフォリオ上で日本株の配分比率は低下します。皮肉なことに、下落で買い余地が拡大するわけです。

GPIFはリバランスする（目標比率に合致させるための調整で保有株を売り買いする）ため、安くなれば必ず買いを入れてくると見られます。その意味では、公的・準公的資金の買い余力は増えたことになります。

日本株保有比率の目標値からのかい離許容幅は、中央値である25%から±9%です。中央値からかけ離れた比率になれば、GPIFから買いが入るということが考えられます。

もとより、年金の運用改革によってGPIFは今まで以上に日本株で積極的に収益を得るスタンスへと方向転換を図っています。

２０１５年7月に公表したＧＰＩＦの「平成26年度業務概況書」によれば、株価指数よりも高いリターンをめざすアクティブ運用のウエートが前年度末の12・３％から13・３％に拡大し、逆に株価指数と同等のリターンでよしとするパッシブ運用のウエートは前年度よりも1％低下しました。

しかも、パッシブ運用においても変化が見られます。

ＴＯＰＩＸを運用目標とするケースが減り、代わってＪＰＸ日経インデックス４００という新指数を運用目標とするケースが増えているのです。

ＪＰＸ日経インデックス４００の算出に採用されている企業は、効率経営のモノサシとされるＲＯＥ（株主資本利益率）が所定の水準以上であることなど、それなりに厳格な基準が設けられており、外国人投資家が好みがちな銘柄と合致している部分もあります。

こうした点も、けっして見逃してはなりません。

かつて年金基金の運用はかなり保守的だという印象がありました。率直に言うと、金融業界の関係者からは「アイツら、鈍くさい！」と揶揄《やゆ》されていたのです。

ところが、見直しが図られたＧＰＩＦはかなりポジティブなスタンスへと転身した模様です。従来の「伝統的アクティブ運用」とは別枠で、インデックスを基準と定めつつも、中長期的視点でそれを凌ぐリターンを追求する「スマートベータ型アクティブ運用」も採用し、ゴールドマン・サックスなどにその運用を委託しています。

時の政権の強い要請という側面もあるでしょうが、これら年金資金が株式投資のウエートを高めているのは必然でもあります。

高齢化社会がどんどん進んで年金をもらうシニアが増加の一途を辿る一方で、年金の原資を積み立てる現役世代の数は減るばかりですから、投資を通じてお金にお金を稼いでもらうことになります。

さらに、まだまだクジラは海の中に潜んでいます。

ついに２０１５年11月、民営企業として株式の新規上場をした「ゆうちょ銀行」と「かんぽ生命」です。

これら2社は国内金利の低迷などを背景に業績が伸び悩んでおり、積極運用に方針を改めることが決定済みで、すでにゆうちょ銀行は外債での運用を大幅拡大中です。

２０１４年度に46兆円だったサテライト・ポートフォリオ（リスク資産運用）を２０１５年度には60兆円まで拡大する方針で、外貨建て投資のみならず日本株も８０００億円程度増やすと見込まれています。

ゆうちょ銀行は運用を担当する管理職にゴールドマン・サックス証券の副社長を務めた人物を起用しており、さらに積極的な投資を行う姿勢が見て取れます。

当然、かんぽ生命もこうした動きに追随しており、外貨建て投資のウエートを拡大中です。

日本株への投資はまだ目立って増えていないだけに、今後は新たな動きを見せる可能性が高そうです。

とにかくゆうちょ銀行やかんぽ生命は、たとえ完全に民営となっても、もともと国営だっただけにその運用額の規模は純粋な民間金融機関を圧倒しています。

さらにアクティブな動きを見せているクジラもいます。

言わずと知れた「日本銀行」です。

2014年10月に「2発目の黒田バズーカ」と呼ばれるようになった追加の金融緩和策を実施し、日本株に連動するETF（指数連動型上場投資信託）の年間購入額を従来比3倍（3兆円）まで増やすとしました。

2015年12月には、さらに3000億円積み増すことも発表されています。

このように、公的・準公的資金には依然としてとてつもない規模の買い余地があるわけです。他のところでも触れたような気がしますが、彼らは一貫して下値を拾ってくる手法を用いています。

このことは、マーケットの需給関係を好転させることに大いに貢献しており、相場の下値固めにつながります。

投資家とは認識されない投資家がいる

「ガッツリと大量の株を買い込んでいるのに、投資家とは認識されていない投資家、それはなぁ〜に？」

いきなり「なぞなぞ」のような問いかけから始めてしまいましたが、実は最近、そのように「投資家とは認識されない投資家」がめっきり増えていて、株価にも多大なる影響を与えています。投資家として認識する必要はなくても、その動きは注視しておいたほうがいいでしょう。

そろそろ「なぞなぞ」の答えを明らかにしましょう。それは、株式を発行している上場企業です。

とはいえ、かつての持ち合いのように、他社の株をガンガン買っているわけではありません。自社の株を買っているのです。

いわゆる「自社株買い」ですが、いったいどうして、企業は自社の株をわざわざ大量に買う必要があるのでしょうか？

もちろん、タコが空腹のあまり自分の足を食いちぎるのとはまったく訳が違います。企業の株主還元策といえば、これまではもっぱら増配（配当の増額）をイメージしたことでしょう。しかし、今は「自社株買い」をチョイスする企業が目立って増えています。

その象徴的な存在が工作機械で世界規模の「ファナック」でしょう。

これまで同社は企業としては群を抜く実力を誇っていたものの、ＩＲ（投資家向け広報活動）や株主還元にはほとんど関心を示していませんでした。ちなみにファナックの手元流動性は約１兆円にのぼります。見たことがないほどのキャッシュリッチ企業です。

ところが、東証がコーポレートガバナンス・コード（上場企業としての心得のようなものとご理解ください）を発表したことから「こりゃ、いかん！」と思い始めたのかもしれません……。

2015年春、「これからはIRに力を入れ、株主還元策にも積極的に取り組みます」と宣言、配当と自社株買いを合わせ利益の最大80%を株主に回すとしました。同社の株価は当然のように一気に上昇しました。

前述のコーポレートガバナンス・コードが適用されるようになったのは2015年6月1日ですが、それに先駆けて前年2月にはスチュワードシップ・コードも導入されていました。こちらは、株を大量に保有している機関投資家の責任を問うものです。かいつまんで言うと、「スポンサー（株主）に誠意を尽くしていない企業に対しては、遠慮なく声を大にして文句を言え！」というお話。

もしかすると、これまでのスタンスのままなら、ファナックは機関投資家からブーイングを浴びせられていたかもしれません。

お尻に火がついたのは同社だけでなく、多くの企業が増配や「自社株買い」を実施し、東証1部全体で株主還元額の合計は13・4兆円に達しました。もちろん、これは過去最高の規模です。

おっと！　大変失礼いたしました。「自社株買い」がなぜ株主還元につながるのかについての説明を失念していたようです。もっとも、すでに別のところで触れたような気もしてならないのですが……。

企業が自社の株を買うと、その分だけ市場に流通している株の数が減ることになります。極端な表現を用いれば、その分だけ希少性が増すわけです。

したがって、自然と株価には上昇圧力が働くと見ることができます。

このところ市場では「自社株買い」を積極化する企業を前向きに評価するムードが高まっており、一時期のファナックのように株価の上昇も加速しがちです。

推測するに、外国人投資家ですら、日本企業の様変わりに驚いたことでしょう。語弊があるかもしれませんが……これまで日本企業の多くは「お客様」には尻尾をちぎれんばかりに振るものの、事業資金を出してくれている「株主様」にはそっぽを向く傾向があったように思います。

株主優待のようなオマケでお茶を濁していた感が否めないのです。

現に、米欧の株主還元性向（儲けをどの程度まで株主に還元しているか）は70％以上に達していますが、日本のそれは50％を割り込んでいます。配当に関しては明確な数値目標（配当性向）を掲げる日本企業が増えてきており、今後は「自社株買い」のほうに大きな期待が寄せられます。

株主や市場が求めているということは、それに応えれば株価の上昇という結果が期待できるのです。

別の見方をすれば、「自社株買い」を実施する企業と、相変わらず消極的なスタンス（あるいはその余力がない）の企業とでは、株価の動きにかなりの格差が生じるということではないでしょうか？

痺れを切らし始めている「ザ・セイホ」

バブルの頃は「ザ・セイホ」などと称され、日本の大手生命保険会社が動かしている巨額資金の向かう先に注目が集まりがちでした。

今でもこの業界の古参はそう呼ばれたことを誇らしげに思っているようですが、実際には〝高値づかみ〟が多かった日本の生保のことを皮肉交じりにそう呼んだ側面もあります。

ともかく、あの当時とは打って変わって、「失われた20年」という試練を迎えた後の「ザ・セイホ」は、まるで借りてきた猫のようでした。

実は、国内の生保・損保とも2007年を唯一の例外に、バブル崩壊が決定的となった1992年以降は一貫して日本株を売り越しています。株価の暴落で大損を被ったうえ、「ソルベンシーマージン比率」の規制という難題を突きつけられたことが影響しているようです。

この「ソルベンシーマージン比率」とは、保険会社の経営の健全性を図るモノサシ（指標）です。国内では1996年から導入されていますが、世界的に金融システム不安がピークに達した2007年にルールがいっそう厳しくなりました。

株を保有している場合の想定リスクを、それまでよりも2倍に見積もることが求められたのです。事実上、「株を持っている保険会社は危なっかしい！」と宣告されたのも同然です。

バブル崩壊以降、株価も不動産価格も下げ止まらぬ中で生保はずっと〝逆ざや〟に苦しめられてきました。実際の運用成績が保険契約者に提示した予定利率をかなり下回るという状況が続いていたのです。

また、〝失われた20年〟においては経済の低迷だけにとどまらず、株価の長期的な下落も顕著でした。こうしたことから、生保はすっかり「株嫌い」になってしまったようです。

その傾向は「損保」にもうかがえ、ポートフォリオにおける株のウエートはかなり低いものとなっています。そして、生保・損保とも債券を中心とした保守的な運用に努めてきたのが実情です。

しかし、2008年のリーマンショックに伴う金融危機に対処して各国が金融緩和を積極化した結果、世界的に金利水準が低下して債券の利回りはかなり低下してしまいました。

そのうえ、ずっと株の運用からは一歩も二歩も身を引いてきたわけですから、アベノミクス相場の恩恵をほとんど受けていないことになります。

もしも、みなさんが生保・損保の運用担当者だったとしたら、今頃どんな心中でしょうか？

少なくとも私なら、かなり痺《しび》れを切らした状態になっていると思います。

さらにガマンを続けていたら、きっと感覚が完全にマヒしてしまい、次に相場が大きく動いた局面でも脚がもつれて流れに乗り遅れてしまうに違いありません。だから、おそらくは彼らも焦っているはずです。

現に、大手生保の多くは少しずつ株式のポジションを増やしているようです。三井生命買収で最大手に返り咲く日本生命も、「積極的には買わないにせよ、割安株なら買っていきたい」といったスタンスを表面的には取っており、視野に入れていることは明らかな様子です。

頑《かたく》ななのは損保で、今後も縮小する旨の見解が目立ちますが、相場の展開次第では考えを改めざるをえないでしょう。

私たち個人投資家が認識しておくべきは、彼らが本格的に動き始めると、ここでも大きな規模の資金が市場に投じられるということです。

もちろん現段階では、「セイホ」は日本株への投資を本格化させているとは言えませんのでその動向を測る話になりますが、私は荒唐無稽な期待ではないと思っています。

今のところ、個人投資家には「ズレ」がある

1人当たり年間100万円程度の非課税枠は少なすぎるとか、あれこれ不平不満が続出しながらも、「NISA（少額投資非課税制度）」の専用口座を開く人の数は着実に増えています。

アベノミクス相場がスタートしてから、久々に長期的な株価の上昇局面が訪れていますし、「自分もあやかりたい！」と思っている人が少なくないのでしょう。

2016年には未成年者（0〜19歳）を対象とした「ジュニアNISA」までスタートする予定。こちらの非課税枠は1人当たり80万円ですが、子どもや孫のために専用口座を開く人は少なくないでしょう。

政府や証券業界が大いに期待しているのは、これらの税制優遇が刺激となって投資

家の裾野が拡大することです。確かに、今まで株式投資の経験がなかった人も、「これを機会に口座を開いてみるか……」と考え始めるかもしれません。

口座数の順調な増加もそのことを物語っているとも受け止められるのですが、その一方で非常に気掛かりな現実もあります。

「ＮＩＳＡ」に限らず証券会社に口座を作って資金を入れた場合は、株を買うまでＭＲＦ（マネーリザーブファンド）という事実上安全確実な投資信託にプールされます。

ＭＲＦは出し入れ自由ですから、普通預金のような感覚で利用できます。また、30日が経過すれば出し入れ自由となるＭＭＦ（マネーマネージメントファンド）も短期の定期預金の代わりとして位置づけられています。

注視したいのは、「ＮＩＳＡ」が導入された２０１４年１月の前後からＭＲＦの残高の増加が目立っていることです。

また、ＭＲＦに取って代わられるかたちで残高が減ってきたＭＭＦも、このところ持ち直し気味になっています。

いったい、これらの事実からどういった現象が浮き彫りになってくるのか？　カンの鋭い読者は、すでにピンときたかもしれません。

証券会社に口座を開いて資金も預けたものの、MRFやMMFに入れたままの状態で、まだ株を買うには至っていないというパターンがかなり多いと思われるのです。つまり、入口のゲートはくぐったものの、まだ完全には株式投資の世界には足を踏み入れていないということです。

こうした待機資金は、足元「10兆円規模」とされています。

急には想像がつかない大きなお金です。

それが動き始めると……。

もう1つ、過去の経緯を見る限り、個人投資家にありがちな行動は、「頭で思っていることと実際にやっていることが正反対である」というパターンです。

なんのことでしょうか？

誰しも、株は「安く買って高く売りたい」と思っているはずなのですが、一部の個人投資家は「高いところで手を出して安くなって投げ出す」か、高いところで掴んで安くなってもガマンし続ける」といった行動に陥りがちです。このほか、「安いと思って買ったら、ずっと安いままで推移した」というパターンもあると思います。

ある意味、個人投資家の中小型株指向がその要因と言えるかもしれません。もちろん、中小型株の上昇が顕著となる局面も訪れますし、発行済株式数が限られているだけに、そうなった場合の株価の爆発力は凄《すさ》まじいのも事実です。

しかしながら、外国人投資家が日経平均株価への寄与度が高い銘柄をギッコンバッタンと派手に揺さぶっている現状において、中小型株にはなかなかスポットが当たらないというのもホントのところです。

えてして中小型株が盛んに物色されるようになるのは、市場が全般的に堅調な場面です。どれだけ「中小型株ラブ！」でも、勝負を懸けるシーンを絞り込む必要があります。

結局、個人投資家が中小型株（その中でも特に新興企業）にゾッコンなのは、その株価が爆発性（高ボラティリティ）を秘めているからでしょう。もっと下世話に言えば、値動きが激しい〝暴れ馬〟なのです。

けれど、いい意味で暴れてくれる馬はとても少ないのがシビアな現実かもしれません。

「新興企業は高成長を遂げる可能性が高い！」と熱を上げている個人投資家も多いのですが、実際にそれを果たした企業が、これまでどれだけ輩出されているでしょうか？

ここ十数年のうちにこれはスゴイという成長を果たした企業名を列挙してみると、

楽天、サイバーエージェント、カカクコム、クックパッド、

あとは、う〜んと、ライブドア（いや、これは出場停止処分でした）、

ミクシィ（いったん弾き出されてからのリバウンド？）、

といった具合に、大きなサクセスストーリーは意外と事例が少ないものです。

瞬間的には大いに話題を集めたり業績が急拡大したりして、「このままいけばスゴイ企業になるかも……!?」と夢がバブル化していっても、結局は徒花《あだばな》と化してしまいがちです。

仮に新興企業がオイシイ果実を得られるビジネスを行っていたとしたら、即座に大手資本系のライバルが参入してきて、競争が激しくなるのです。

世の中、そうカンタンには成功できないことは、私も含めてみなさんがご承知のことです。

最大勢力の意向に沿って動かざるをえない

あえて確認しますが、いくら織田信長が桶狭間の戦いで勝利したとはいえ（！）、基本的に「多勢に無勢」が世の中の当然の物理関係ではないでしょうか？

ならば、買い手と売り手の勢力（数）争いである株式投資においても、主流派が向かっていく流れに追随していくのが基本中の基本となる戦略だと言えます。

では、日本の株式市場の主流派とはいったい誰なのか？

もはや聞くまでもないかもしれません。この章ではそのことについてお話をしてきたのです。

無論、それは外国人投資家です。

彼らの意向を知り、それに沿った投資を行うことこそ、個人投資家の必勝法なのです。

フランスの運用会社コムジェストや英国のシュローダー・インベストメントなど、外国人投資家の中にも多くの個人投資家と同様に、中小型の割安株に目をつける投資家が存在しています。しかし、それはあくまで中長期的な株価上昇を期待しての行動です。

相場次第では1年程度で株価が大きく動くケースがあるものの、その確率はけっして高くありません。結実する銘柄は一握りで、その他はハズレです。

単純に、「株価が安いから買っておけば、いずれは上がるはず」という安直な発想で手を出してしまうと、延々と持ったままの状態が続きかねません。

絶対に芽が出ないタネを植え、せっせと毎日観察日記をつけているのにいっこうに報われないということになってしまわないように、ぜひとも気をつけたいところです。

割安中小型株に目をつける外国人投資家たちは、企業訪問を重ねてシビアな分析を駆使したうえで、いずれ株価が噴《ふ》き上げる可能性があるか否かを吟味しています。

サラリと会社四季報を眺めた程度とは、まったく次元が異なるのです。

しかも、彼らのような投資スタンスは、外国人投資家の中においては少数派に属しています。もっと大挙して同じ方向に資金を動かしている主流派のほうに目を向けたほうがいいでしょう。

とにかく、今の株式市場ではユニクロの株価が大きく上下してきた通り、彼らは露骨な動きを繰り広げているのですから。彼らがやっていることが真っ当かどうかはなかなか判断がつかないですが……。

少なくとも目の前でどちらに資金を動かしているのかは把握できるはずです。

たとえば、2015年の夏場にチャイナショックで世界同時株安が進んだ後、米国株の戻りは顕著だったのに、日本株は動きが鈍かったことがありました。

なぜなら、安保問題を巡って国会にデモ隊が押し寄せ、「もはやアベは危ないのデスネ!」と外国人投資家たちを不安がらせたからです。

彼らの思考や行動は実にわかりやすいではありませんか?

こうした流れに上手く乗っていくことこそ、個人投資家が株で着実に儲けていく術《すべ》だと私は痛切に思っています。

相場が大きく下げる局面はこれからも何度となく訪れるでしょうが、この章の別のところでも述べたように、公的資金の買いも支えの1つとなり、むやみに狼狽しなくてよく、その動きが続く限り、結果として下値は切り上がっていくでしょう。

もちろん、「国策として、是が非でも買い支えて日本株を防衛しよう！」などといった使命感は、けっして公的資金は持ち合わせていないでしょう。

しかしながら、日本株の組み入れ比率を高める方針は決定済みで、相場の下落によってその基準値を大きく下回ってしまえば、買わざるをえません。

この部分はシステマチックなのです。

したがって、まずは、目先の株価の上下を演出する主要な存在、外国人投資家にフォーカスを当てるのが適当です。

繰り返しになりますが、極めて重要なのでもう一言だけ……。

肝心なのは、「外国人投資家がどう反応するか」です。

未来永劫、そうすべきだとは私はけっして言っていません。少なくとも今のところは明らかにそれが株式市場の中心にあるので、素直に従ったほうが賢明だと訴えたいのです。

第3章

個人投資家の絶対的売買イメージ

勝って負けて、負けて勝っての連続

売買を繰り返していけば、必ずこうなると断言できることがあります。

それは、図1のように勝ち負けや損益の度合いが分布していくことです。

それぞれの投資家や相場環境によって細かな配置には違いが出てくるでしょうが、上（プラス）と下（マイナス）の両方に点が散らばっていることは共通してくるはずです。

もちろん、目立って相場が上昇している局面ではおのずと勝てる機会が増えるでしょうし、値幅も大きくなってきます。

逆に、下落基調が鮮明になっている局面では負けがかさみがちになり、時に手痛い損失を被るケースも出てくることでしょう。

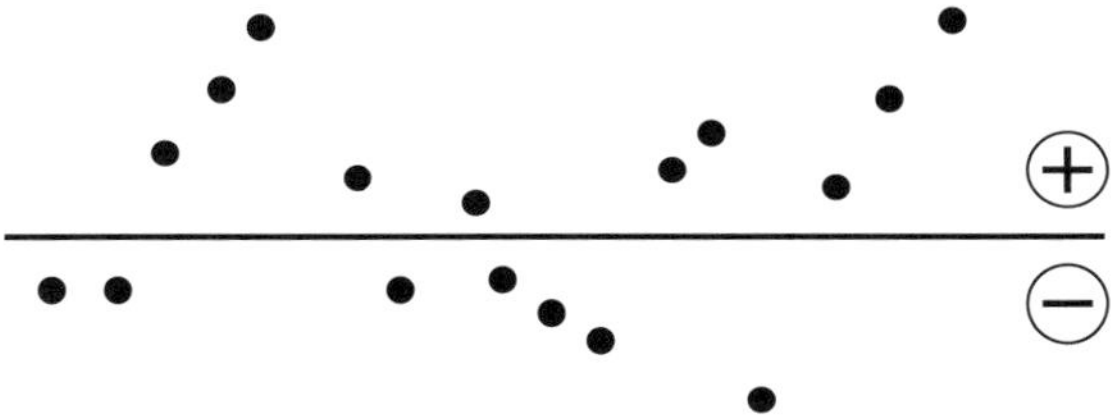

図1

とはいえ、私が長く個人投資家として取引を続けてきてつくづく思うのは、それなりに長い期間を振り返ると、「1回も勝てない」という状況がない一方で、「1回も負けない」という状況もないということです。

たとえば、日経平均株価がどれほど力強い上昇を示していたとしても、自分が買った5～6銘柄のすべてが同等に儲かっているというケースはまず起こりません。

仮にすべてが値上がりしていたとしても、必ず銘柄ごとに差が出てくるものです。

もちろん、最初からそのように凸凹《でこぼこ》な結果を求めて買っているわけではなく、いずれも自分自身が「これはイケるはずだ！」と（自分の中で）確信を抱きながら手を出したものです。

しかしながら、実際には見込み違いの銘柄が出てくるもので、その宿命からはどれだけのベテランであっても逃れられないだろうと私は思います。

もしも、ハズレを引く直前にピピッと第六感が反応して、首尾よくアタリだけを選び当てる猛者《もさ》がいたとしたら、ぜひともお目にかかってその人の爪のアカを煎じて飲んでみたいです。

現実には、そこまで完璧に的中させられる人はいません。「勝ったり負けたり」の連続であり、それが当然の現象なのです。

ここで重要なのは、「必ず負けることがある」という事実です。これは真理にも近いものです。

「勝ったり負けたり」の繰り返しの中で、相対的に儲けのほうが多くなればそれでよしというのが株式投資なのです。

すべての売買で勝つのは難しいです。

その意味でも、1つの銘柄への長期間にわたる一極集中投資は見込み違いだったらアウトとなり、お金だけでなく時間も失うことになる極めて危ういものと言えます。

何よりも随分な時間が経《た》ってから「ダメだったな」と自らが認識することになるので、私には我慢がならないです。

少なくとも、私はそのようなスタイルの投資を行っていません。

折々でそれなりに動いている、動きが出始めている銘柄でなければ即座に利益にはつながらないので、そういった銘柄に的を絞っていることは確かです。

けれど、「この銘柄は賑わっているな」と思って数銘柄を買っていくと、やはり個々の値動きには少なからず違いが出てきます。

その一方で、相場全体が勢いづいているという局面は案外限られているものです。

たとえば、2014年は随分と日経平均株価が上昇したイメージが強いようですが、改めて振り返り、特に強く上昇する動きをしていた期間だけを取り出してカウントしていくと、トータルで約3カ月～4カ月程度です。

2013年も然りで、株価の上昇が顕著だったのは年初から春までと秋から年末にかけてが中心でした。

これは非常に重要なことです。株価が上昇している局面において、目立った値上がりをする時というのは、そう長いわけではないということになります。もし、タイミングが悪く、一旦上昇しきった局面で買ってしまったとしたら、その時には、つらい時期を過ごすことになってしまうのです。

いずれにせよ、読み違うことは避けられないわけですから、思った通りに動かなかった銘柄は、一旦手離すか、潔く損切りすることが重要になってきます。

もっとも、こう反論する人がいるかもしれません。

「中身がいい銘柄をきちんと吟味して長く持ち続けておけば、目先は下がったとしても、いずれ報われる日がきっと訪れるはず！」

確かに、そのようなパターンもあるでしょうし、タイミングが上手く合えば、好結果がもたらされるでしょう。

しかし、タイミングが合わなかった場合、いつまで経っても報われないことがあります。

もしかすると「この先5年で一番高いところを摑んだ可能性」だってあるのです……。考えたくもないですが、その可能性もあります。

そもそも、そのタイミングを決めるのは株式市場であって、1人の個人投資家が完璧に読み通すのは不可能だと私は思います。

言い換えれば、私たちは確実性がない状況下で投資に励んでいるわけです。

だからこそ、ダメだった銘柄をいかに早く切るのかが重要になってくると私は思うのです。

含み損が出ていなくても、ダメだと思って見切りをつけるべき銘柄はあります。すでに前段において急騰していて、自分が買った後の上値がどうも限られていそうだとわかってきたケースです。

つまり、必ずしも「見切り＝損切り」ではないということです。

ちょっと辛抱していればもう一段上の水準をめざす展開が待っていることも考えられますが、少なくとも株価が頭打ちとなっている目の前の時点では、確かにそれが起こるとわかっているわけではありません。

ならば、いったん見切ってしまったほうがいいと私は考えます。

株式投資をしていると、「ソニーがまだ東京通信工業だった頃に買っておけば……」とか、「セブン‐イレブンが国内に初出店した頃にその株を買っていたら……」といった幻想も抱きがちです。

ソニーやセブン‐イレブンの大成功例は、いつの時代にも「最も成功した例のひとつ」として用いられるものです。

けれど、現実にごく一般的な個人投資家でそういったことを実践できた人はほぼ皆無のような気がします。

この2社にしても、株価が低迷した局面は何度となく訪れました。株を手放す前提がほとんどない経営に参画している立場ならともかく、その間にも惑うことなく保有し続けるためにはかなりの精神力が必要ではないでしょうか？

私にはそのようなマネはできません。

大事なのは、どんなにスゴイ会社であっても株価が凹《へこ》む局面があるという感覚を持っておくこと。そして、そのような局面でもガマンし続けられるように精神を鍛えるよりも、そのような局面は別の元気な株で勝負するほうが現実的だと私は思っています。

逆すべり台の値動きを捉える

まずは、図2に注目してください。きっと、「すべり台の絵ですか？」と思った読者も少なくないことでしょう。

確かに見た目はその通りなのですが、実はこれ、「逆すべり台」になっています。株価の動きを示しており、下から上へと上がっている局面を描いているわけです。

さらに補足すれば、底打ちした株価が瞬く間に急騰し、高値をつけて反落に転じるまでの推移が表現されています。

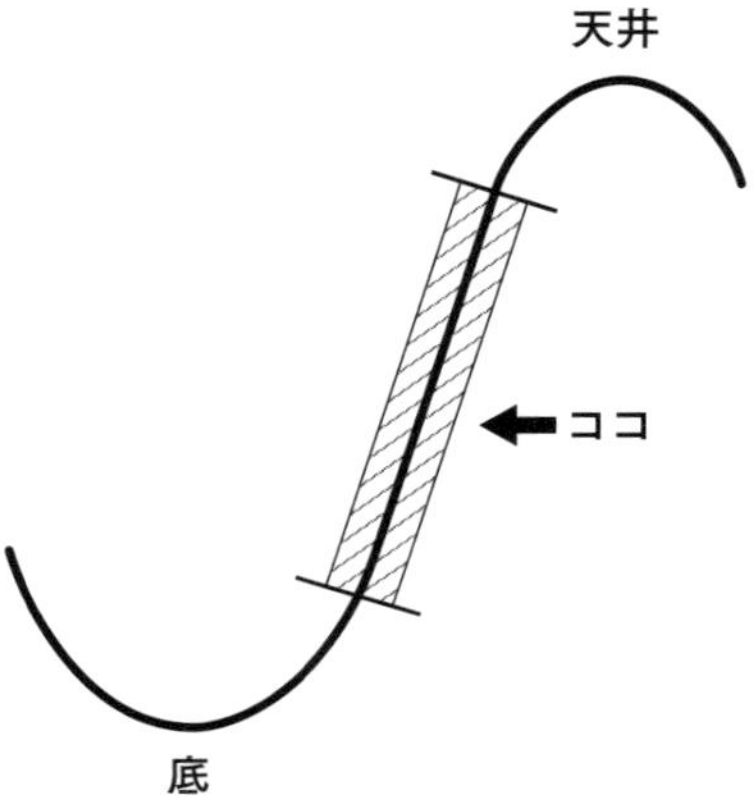

図2

　ここでポイントとなるのは、底打ちしてから少し経った地点と、天井を打つ直前の地点に線が引かれていることです。「この程度の値幅をしっかりと享受できれば万々歳！」というイメージを伝えたかったのです。

　もちろん、ピタリと大底で買って、首尾よく天井で売り抜けるのがベストですが、それを常にやるのは無理でしょう。

　今が大底、今が天井といった事実はリアルタイムで把握できるものではなく、多少なりとも時間が経過しなければ判断がつかないからです。

　それは市場に上場するすべての銘柄に

該当する話だと断言できるでしょう。長く取引をやっていれば、ドンピシャのタイミングで売買できるケースも出てくるでしょうが、あくまで偶然にすぎない結果であって、例外だと思ったほうがいいと私は思います。続落するかもしれないという不安を抱えながらも、「エイヤー!」と腹を括って買いを入れたら幸運にも大底を打ってくれたというのが真実で、100%の確信を持ってそう行動した人はいないと思われます。

おそらく、その例外的な人はまず皆無で、かなりベテランの投資家の思考回路もそうなっているはずです。私のこうした認識はけっして間違っていないと思うのですが、読者のみなさんはどう思うでしょうか?

自分自身が売買を繰り返してきて、「結局、最後の判断はエイヤーなんだな」としみじみ感じるようになりました。寿司職人が酢飯を手に握り込む感覚と似ているような気もします。

ただ、改めて考えてみれば、そういった話を自らの経験をもって教えてくれる人は意外と存在していません。

思い起こせば、私自身も株を始めたばかりの頃は株価が低迷中の銘柄に目が向きがちでした。

それが底打ちから反転する直前に仕込みたいと考えていました。

けれど、至って当たり前の話ではありますが、誰も関心を示さなかったからこそ、株価が低迷してきたわけであって、急に注目されるようになるかどうかなんて、あらかじめわかるはずがありません。

ならば、わかってから動くしか術はないわけです。徒競走を例に挙げれば、イメージしやすいでしょう。

人類史上最速のウサイン・ボルト選手のような存在が混じっていない限り、見ず知らずの子どもたちがこれから徒競走を行う際に、誰が1着になるかなんて見当もつきません。

しかし、20メートルぐらい走った地点では、よほどの接戦でない限り、おおよそ見定められるようになってくるでしょう。

ここで、冒頭の「逆すべり台」の図を思い出してください。大底をつけてから少し経った地点に引いた「買いタイミング」のラインとは、徒競走の20メートル到達地点のような意味合いだったのです。

ただし、株の取引が徒競走と異なるのは、ゴールラインが定まっていないこと。いつ株価がピークアウトするのかというゴールがわからないから、その手前でストップするしかないわけです。

とにかく、大天井では売れないという認識を持つことが極めて重要となってきます。結局、株の利益も〝腹八分目〟を心掛けるのが最も堅実だということなのでしょう。

そろそろ、話をまとめましょう。

上がり始めた銘柄を探して、それを見つけたら、さっそく買いを入れます。もしも、その途端に萎《しお》れてしまったら、その銘柄との勝負に敗れたわけで、見切るなり、損切りなりをすることになります。

そうしなくてもよかった銘柄は、そのままポジションを持ち続けることになります。相場全体に波乱がなければ、しばらくは上昇が続くでしょう。

そして、天井を打つ前に利食いの売りを出します。このように極めて単純なイメージで、私は日々の取引を行っています。

先でも触れたように、私の取引も「勝ったり負けたり」の繰り返しです。しかしながら、負けた場合はさっさと撤退するので、お陰様でトータルではそれなりの儲けを確保できています。

そうそう、負けた場合の損切りの話が中途半端になっていましたが、その点についてはこの章の後半でじっくりと説明することにしましょう。

とにかく、株価というものは、絶対的な何かをめざして動いているわけではありません。ＰＥＲ（株価収益率）やＰＢＲ（株価純資産倍率）などといった指標の数値を意識して株価が推移しているわけではないのです。

「需給」を意識することを忘れない

株式市場という1つの大きなフレームがあって、お金が日々出入りを繰り返しているという話を第1章で述べましたが、その続きとも言えるのがここで述べたいテーマです。

入ってくるのはやはり株を買おうとしているお金で、出ていくのは基本的に株を売って換金されたものだと捉えられます（一部そうでないものもあります）。

さらに言えば、株を買い求めようとするのは「需要」であり、それに応じて売ろうとする動きは「供給」です。「需給関係」とは、両者の〝綱引き〟の情勢のことを意味しています。

ここで、図3に注目していただきたいと思います。コップのようなフレームは、株式市場をイメージしています。

そして、冒頭でも述べたようにお金が頻繁に出入りしているわけです。出ていくお金のほうが多ければ株価は安くなり、市場全体の水位を示す平均株価も下がっていきます。

無論、入ってくるお金のほうが多い場合には、株価が高くなって全体の水位も上昇

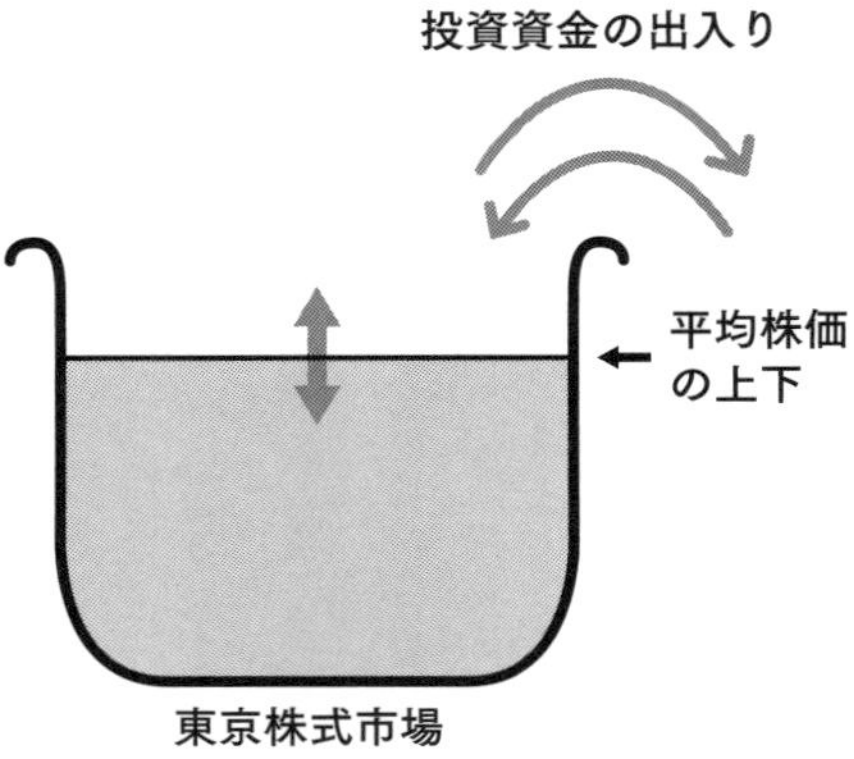

図3

していきます。

株式市場ではこうした〝綱引き〟が繰り返されているわけですが、特に注目したいのは、入ってくる流れが活発化している局面において、比較的大きな動きが生じがちなことです。

たとえば、低金利で債券投資の妙味が薄れてくると、リターンを得ようとして、株式市場にまとまったお金が投じられる動きが顕在化しがちです。

また、これは低金利とも関係してくることですが、2008年秋のリーマンショック後のように、大々的な金融緩和が実施されて世の中に出回るお金がジャブジャブに増えてくると、やはり株式市場をめざすお金も目立って増えてきます。
まさに大浴場の湯船と同じで、入ってくる人がどんどん増えていけば、お湯の水位が上がってやがては溢《あふ》れ出します。逆に、水位が下がっていくプロセスについてもイメージしやすいでしょう。

こうしたお金の出入り（需給）を気に留めていれば、株価の先行きのイメージが掴みやすくなります。

単にニュースをチェックしていてもお金の動きがわかるまではいかないと思います。やはり初めからイメージを持って出来事を見るという観点に立つべきでしょう。

たくさんお金が入ってきている状況がわからない人はいないはずで、そのことを把握できれば、「なぁ～んだ！　今は儲け時じゃん！（あるいはその逆）」とイメージできるはずです。

そう考えると、個別の銘柄ベースでは売り買いのタイミングが毎日訪れていることになるでしょう。たくさん買いが集まっている銘柄が上がり、売りが集中している銘柄が下がるという単純明快な動きです。

さて、続いて図4をご覧ください。

こちらは、先程の湯船の中を大きく2つの成分に分類したものです。

まず、下のほうが「安定株主が保有している株」で、その企業の親会社や系列会社、取引先やメインバンクなどが基本的には株を売らないことを前提に保有している株主です。資本関係の解消などに踏み切らない限り、市場に出回ることはない株です。

したがって、その時点で株価に影響を及ぼすことはなく、いわば根雪のようになっている存在だと言えます。

これに対し、その上に乗っかっているのが「浮動株」で、そのほとんどが市場で売り買いが繰り返されて、その度に株主が変動しています。

つまり、株価を動かしているのは、頻繁に行われている「浮動株」の取引だということです。

「浮動株」が全体に占める割合はおおよそ30〜40%程度と言われているので、たとえ値幅制限という制度がなかったとしても、1日で株価は半値まで下がるようなことがまずないのもこうした要因からくるものです。

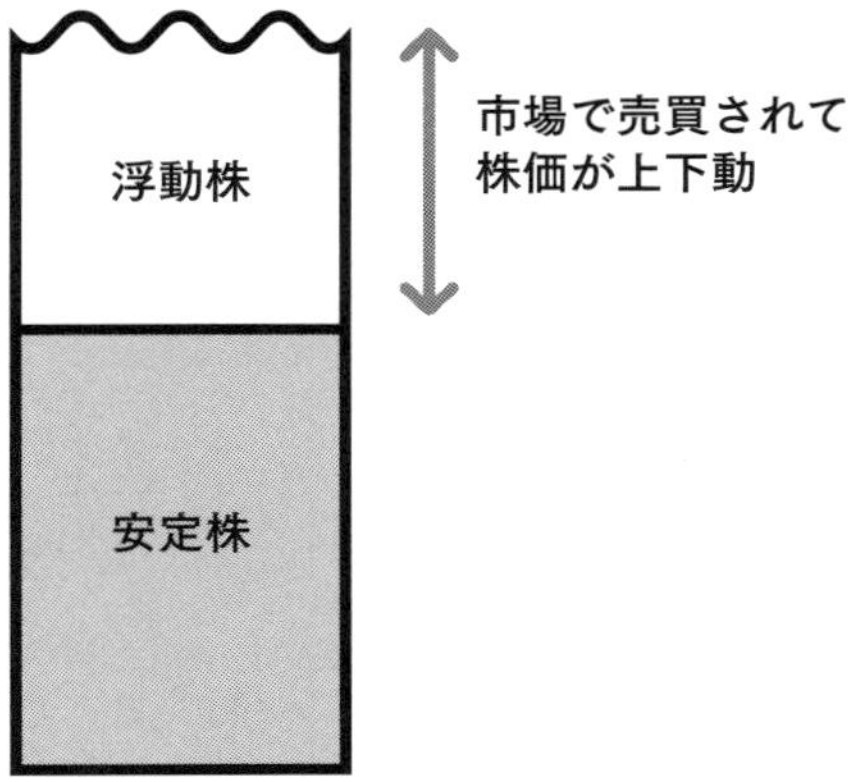

図４

いわば、かなり厚底のビールジョッキのような状態で、ビールの部分に相当する「浮動株」だけが盛んに動いている構図です。

もし企業が自社株買いを実施すれば、その分だけ浮動株が減りますから、さらに底の厚みが増します。

こうした「需給」の関係を念頭に置いたうえで、常にその動向を意識しておけば、株価の方向性もおのずと見えてくると私は思います。

年初来、上場来高値銘柄を必ずチェック

リアルタイムでは大天井や大底がわからないことを前提とすれば、ある銘柄が目の前で年初来高値をつけたとしても、そこが年間の頂点となるか否かはまだ確定していません。

年初来において最高値であることは、あくまで現時点においてのみ言えることで、まだまだ上昇の途上である可能性があります。

それは上場来高値も然りで、目の前では上場来高値であっても通過点にすぎず、どんどん記録を塗り替えていくかもしれません。

もちろん、過去に〝スッ高値〟で摑んでいた投資家たちから〝やれやれ売り〟も出てくるでしょうが、それをこなして株価が突き進むケースも珍しくないことです。

よく見かけるのは、ある特定の期間においては同じような銘柄ばかりが高値を更新し続けていることです。

継続性についてはそれぞれですが、ある短期間を見てみると、同じような銘柄が幾日も高値を更新し続けていることがあります。

それらは「需給」がすっきりと好転し、株価が上昇しやすくなっている可能性が高いと考えられます。

逆も真なりで、年初来安値をつけた銘柄の動きがそこで止まるとは限りません。さらに売られ続けて、安値を更新し続ける展開も十分にありうるでしょう。

ところが、投資家（特に個人投資家）の一部はこうした光景を目の当たりにすると、「うわっ、高い！」とか、「べらぼうに安い！」とか感じてしまいがちです。

そういった際には今一度、冷静に相場全体を見つめ直したほうがいいと私は考えています。

日経平均株価は史上最高値にまったく届いていないにもかかわらず、どんどん新高値を更新していくという銘柄は相当な勢いを持っていると言えるのではないでしょうか？

だとすれば、まだまだ買われる可能性が高いと考えるほうが自然ではないかと私は考えます。

全上場銘柄の株価の値上がり・値下がり状況を整理してみると、全体相場がよほど急騰もしくは急落した期間でなければ、ちょっとだけプラス、ちょっとだけマイナスという銘柄が最も多く、三角形を描く格好で、「さらにプラスあるいはマイナスの銘柄」→「相当な率でプラスあるいはマイナスの銘柄」という具合に次第に数が減っていくはずです。

上場来高値、上場来安値をつける銘柄とは、特定の期間において、それぞれの頂点に位置していると考えることができます。

私は毎朝9時に取引がスタートすると、まずはあらかじめ登録している銘柄をチェックし、次に取りかかるのが年初来高値・安値をつけた銘柄の確認です。それらの動向を見て相場が強いことを確信すると、8〜10銘柄ぐらいまとめて買っていきます（あくまでも全体相場が強い動きをしている日ですが）。そうすると、期待外れで失速するのはそのうちの1~2銘柄にとどまるというのが通常のパターン。

つまり、勢いが持続する確率のほうがはるかに高いということです。

マラソンで言えば、そういった銘柄は先頭集団を走っている選手たちというイメージです。何人かは脱落していきますが、集団の中からさらに前へと抜け出していく選手が出てくるのが常であり、最後方から怒濤《どとう》の追い込みを見せるような展開は競馬に限った話でしょう。

もちろん、逆に下げ局面ではとことん空売りで勝負します。下をめざしているという方向感がはっきりしていれば、その先頭集団をカラ売りをかけることによって追いかけるのは至って自然なことだと私は考えています。

講演会などで、参加者からよくこんな質問をされます。

「短期で株価が10倍になる銘柄は、どうやったら探し出せますか?」

常に私は、次のように答えています。

「すでに3~5倍になっている銘柄に注目するといいでしょう」

人を食った返答をしているのではありません。

10倍になる銘柄とはすでに3倍や5倍になった銘柄の中に含まれているのです。無論、ここまでに述べてきたことがその根拠です。かつてのガンホー・オンライン・エンターテイメントの大相場を思い起こせば、誰しも納得するのではないでしょうか？

「敗戦銘柄」コレクターにならないために

ここで訴えたいのは、この章の冒頭でも触れた損切りの重要性についてです。株式市場がどのような展開になろうとも、必ずや負けてしまう銘柄が出てくるものです。そのまま保有し続けていると、「敗戦銘柄」ばかりのコレクションができあがってしまうハメになります。

しかも、市場にはそういったハズレの銘柄も多く、確率的にも手を出してしまいがちです。かくいう私も、そのようなどうしようもない銘柄をうっかり買ってしまうことがよくあります。

それは極めて当然のことです。私は神様ではないからです。

アベノミクスで日本経済が久々に活気づく中でも破綻企業が出てくるわけであって、ダメな銘柄はどのような状況でも必ず出てきます。

それでも、ガバッとまとめて買い込んで、いい銘柄も悪い銘柄もバッサリとすべて売り切るのであればまだマシです。これであれば、結果的に「1つの銘柄」を売買したことと同じになり、儲けても損しても、売った後は保有銘柄がゼロになり、それ以上儲かることも損することもなくなります。

しかし、そんな投資を行っている人を私は見たことがありません。たいていの投資家は、見切らなければいけないと思いながらも躊躇しがちです。

自分自身が個々に見定めて買っただけに、どうしても執着が出てくるのでしょう。

もしかすると自分でも心の奥底では失敗を認めているからこそ、株価の動きとは逆のことを考えてしまうのかもしれません。

私の場合は、買い値よりも8～10％下がったら損切りすることにしていますが、実際には8％にタッチした時点で投げているケースのほうが多くなっています。6～7％下げた段階で、すでにその心づもりをしているからです。

逆から言えば、心づもりがなければ、なかなか潔く損切りできるものではないでしょう。とはいえ、常にあらかじめ逆指値売り（一定ラインまで下げたら売る注文）を入れておくほどのことはないでしょう。

むしろ、入れておかないほうが無難でしょう。なぜなら、情勢が変わることも多々あるからです。

いずれにせよ、下げた株価が元の水準まで戻るには相応のパワーが求められます。たとえば、1000円の株価が10％下がって900円になり、その後に反発して10％上がったとしても990円にとどまっているという数字のマジックも存在しています。

複数回に分けて買った銘柄についても、平均の買い付け単価よりも8％下がった時点で私は損切りを行っています。

「早計だった……持ち続けたほうがよかったのに」と「切っておいてよかった！」のどちらの結果が多いかといえば、明らかに後者です。

なお、この8％という目安はあくまで主力株に該当するもの。もっと中小型の銘柄は値動きが荒いので、13～15％を目安にしています。

とにかく、私はメドとしている下落率に達したらキレイさっぱり投げてしまうようにしています。

そして、「8％の損ですんでよかった」と思うように心掛けています。とんでもない失敗を犯した場合の凹みは、その程度ではけっしてすまないものです。

絶対に〝塩漬け〟にはしないことで、動かせる資金も常に確保できています。不意を突かれて相場全体の急落に巻き込まれた場合も、「配当があるし、とりあえずは持っておこう」などといった発想を私はしません。

自分から損切りしない理由を見つけようとするなんて、私にとっては絶対にありえないことだと思っています。

今まで株式投資でそれなりの利益を上げてこられたのは、ストップ高銘柄を引き当てていることだけでなく、こうして引き際を明確にしているからだと私は考えています。

不測の事態は起きてから1～2日が肝心

2015年の初夏から秋にかけては、まさしく不測の事態が頻発しました。そういった場合、「一呼吸置く」という行動が極めて重要になってきます。

相場の下げは、大きく2つに分類できるでしょう。

それは、「一段安」と「反転安」のいずれかです。

下げてきた相場が横ばいに転じたものの、再び下げが顕著になるというのが前者。後者のほうは、株価の上昇が途絶えて反落するというパターンです。

それぞれを図に示すと、図5のような感じになります。

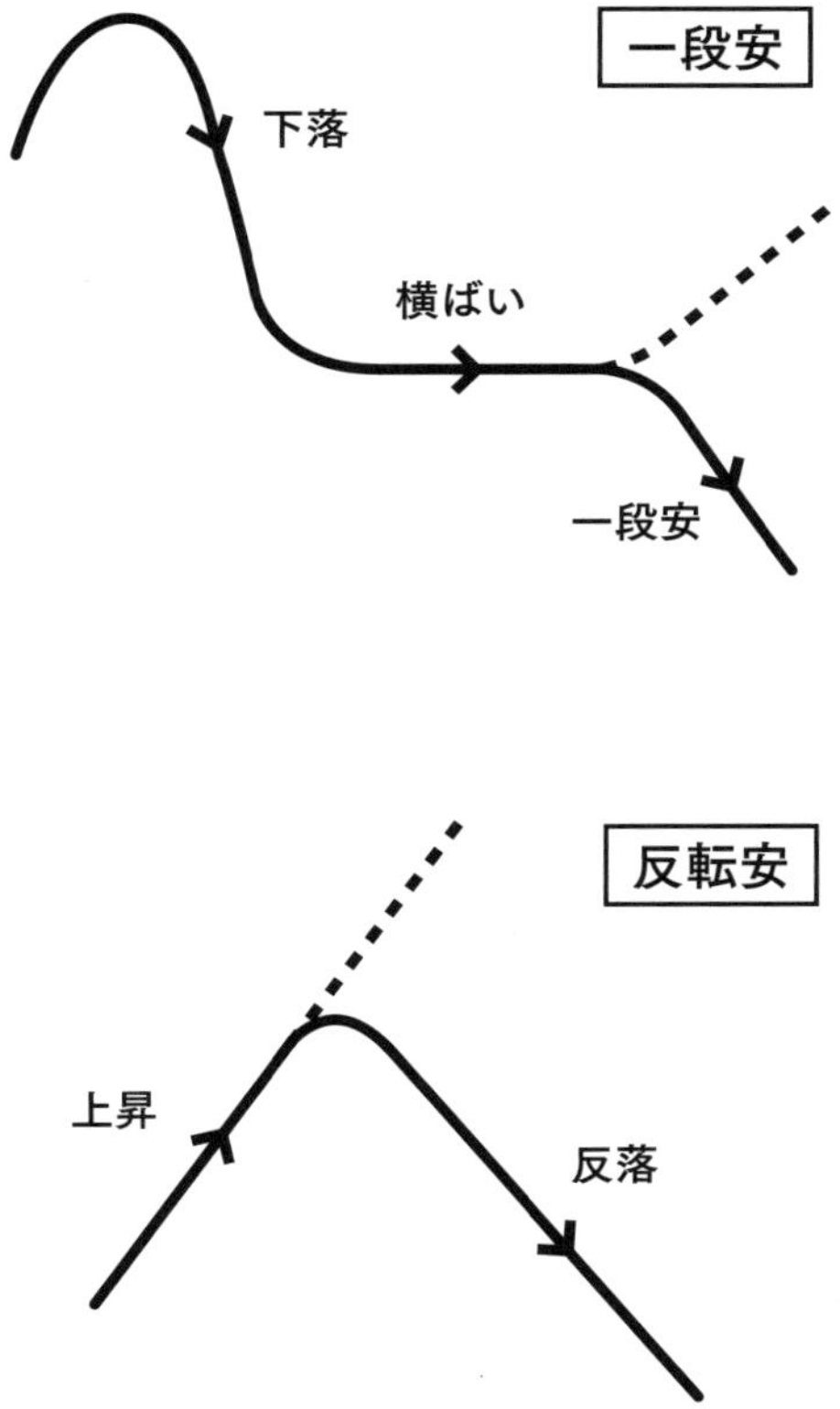

図５

ここで私が訴えたいのは、どちらのケースにおいても、多くの投資家は点線で示したような株価の動きを期待しがちだということです。

そのうえで、実際に点線のような動きがうかがえる前から、非常に拙速な行動を取ってしまうわけです。

きっとそれは「できるだけ早く安く買いたい」という欲に駆られての行為なのでしょう。

私自身、いまだにそういった失敗を犯してしまいます。上手くいくケースもありますが、「あ〜あ、やってしまった！」と後悔するケースも少なくありません。

そして、つくづくこう思うのです。

「あと1〜2日、様子を見ておけばよかったのに……」

そう、それが冒頭で述べた「一呼吸置く」という行為です。

株式投資には、売りと買いだけではなく、「見送る」という選択肢も必要です。

この3つ目の選択肢を使いこなせれば、投資のスキルがワンランク上のレベルになってくることでしょう。

不測の事態から1～2日経てば、次の動きの端緒が見え始めるものです。「反転安」に陥らず上昇した場合も、単にほんの少しの利益を取りっぱぐれるだけにすぎず、損を被るわけではありません。

もちろん、現実にそういった状況に直面すると、無意識のうちに買いを入れてしまったり、逆に売りたくてたまらなくなったりするのが人情でしょう。

しかし、その気持ちを抑えて1～2日見送れば、視界は開けてくるものです。時間が経てば経つほど、不測の事態を引き起こした原因に対する全投資家の評価が定まってきます。

ただし、完全に方向感が定まってから動くのでは、タイミングとして遅すぎるでしょう。だから、端緒が見え始めた段階で私は動くようにしています。

こういった話も、私自身もかつて読んだ株式投資の指南書ではあまり見かけたことがありません。

実際に自分が株式投資を長く続けて、ようやくわかってきたことです。

ボヤボヤしていると乗り遅れてしまう反面、ヘタにフライングしてもケガをしかねないのが株式投資ということなのでしょう。

第4章

機動的売買対象になる具体的な銘柄

銘柄は「買ってずっと持っていればいい」わけではない

さあ、いよいよ本書も核心部分に迫ってきました。第1章で株式市場のフレームを把握し、第2章ではその中で主導権を握っている投資家の動きを理解し、それらを踏まえたうえで、第3章で個人投資家としてどう振る舞っていくべきかについて書いてきました。

直ちに機動的売買を仕掛けていきたいところですが、最後の最後にヤマ勘で銘柄を選んでしまっては元も子もありません。

第1章〜第2章において再認識したことを念頭に、株式市場のメインストリームに沿った銘柄選別が不可欠となってくるでしょう。

では、具体的にどのようなテーマに注目しながらどういった銘柄に照準を……と気がはやるところですが、その前に1つ、読者のみなさんに伝えておきたいことがあります。

いえ、けっして焦《じ》らしたり、もったいぶったりしているわけではなく、極めて重要なことを話しておきたいのです。

私の記憶が確かであるなら、頻繁に耳に入ってくるようになったのは、ギリシャを発端とした欧州債務危機の頃（2009年頃）だったと思いますが……。

盛んに耳にするようになったのは「リスクオン／リスクオフ」という言葉です。「ギリシャどころか、南欧諸国の財政が根こそぎ危ない！」といった具合に不安が拡大し、当該国の国債が売られ（＝金利が急上昇）、同時に株をはじめとするリスク資産から資金が逃げ出した一連の出来事です。

こうした動きは世界中に連鎖し、日本市場でも「リスクオフ」という言葉がよく用いられるようになりました。そのうち混乱が収束し、次第に株へと資金が回帰してくると、代わって「リスクオン」という言葉が用いられました。

私は、非常にわかりやすく単刀直入にマーケットの状態を表現している言葉だと思っています。当事者の欧州は下げているものの、対岸の火事でいられる日本は上がっているとか、そういった違いは昔と比べて非常に小さくなってきているのが現代のグローバルマーケットの特徴です。

下がる局面ではどこもかしこも下がり、逆に上がる局面では一斉に右上を向くわけです。

こうした連鎖の中に最近は中国株までもが仲間入りしています。

日本市場だけに焦点を当ててみても、相場全体が下げ基調となっている時に逆行高している銘柄は少ないです。もちろん、逆も然りです。

リスクオフとリスクオンの切り替えがより重要になってきているのです。

その背景には、世界中の投資家がいっせいに同じような行動を取っていることがあると見られ、それが今の市場と言えます。

言い換えれば、大きなお金がその時には一方向に動いているのです。東京市場においては、外国人投資家を含めた機関投資家が先導しています。

東京市場は外国人投資家が席巻《せっけん》するようになって久しく、個人投資家が主体であるとはとても言いがたい状況です。

とはいえ、だから困るという話ではないでしょう。

よくよく考えてみれば、リスクオンとリスクオフのメリハリがついていて、非常にわかりやすい展開となっているのです。目の前がイケる場面とイケない場面のどちらなのか、判断しやすくなっています。

その意味では、個別銘柄を売買するタイミングも摑みやすくなっていると言えるでしょう。ここまで相場の山谷の輪郭がハッキリしてくると、機動的な売買が欠かせなくなってきます。

だからこそ、この章のタイトルに「機動的売買」というワードを入れたのです。裏返すとそれは、「いい銘柄だからずっと持っておこう」というアイデアが通用しないことを意味しています。

どんなに有望な銘柄であっても、リスクオフにモードが切り替わると下がり、ともすれば一巻の終わりになることがあるのです。

「ならば、リスクオフの極みに最も売り込まれたところで拾うのが最善！」

こう考える人もいるでしょうが、それは理屈の上だけの話であり、現実はなかなか実行できないことは第3章で指摘した通りです。リスクオフの極みに至る手前か、あるいはリスクオンに切り替わった直後に買えれば、それでよしと考えるのが無難でしょう。

ともかく、世界的に「オン」と「オフ」がいっせいに切り替わっているという現実を認識しておくことが肝心だと私は考えており、この章の最初に述べておこうと思った次第です。

NTT/日本郵政＝高流動性、〝日本そのもの〟的な銘柄

ほとんどの読者がビックリ仰天するかもしれませんが、私の目から見れば、NTTと日本郵政は同じ分類に属している銘柄です。もちろん、業種はまったく違っていま

すが、投資家の視点では同じ〝括り〟になるのです。

こう指摘すると、「どちらも官営企業だったからかな（現在も半官半民）」と思う方もいるでしょう。

けれど、私は「ＪＴ（日本たばこ産業）」を同じ仲間に入れようとは思いません。もう１つ、同じ仲間に入れるとしたら、むしろ「日本取引所グループ（ＪＰＸ）」でしょう。

いずれも内需の比類なき存在です。

他の何とも比べようがないのです。

説明は無用かもしれませんが、一応、どんな会社なのかについて簡単に触れておきましょう。

ＮＴＴは日本電信電話の略称で、旧電電公社が前身です。日本郵政は２０１５年11月４日に上場したばかりの株式市場新入生ですが、同時に上場したゆうちょ銀行とかんぽ生命の親会社で、郵便事業を中心に手掛けています。

無論、だからといってヤマト運輸と比較するのはナンセンスでしょう。ゆうちょ銀行と他の銀行や、かんぽ生命と他の生命保険会社を同じ土俵に立たせるのであれば、まだ話はわかりますが（それでも図体の大きさが違いすぎますが……）、日本郵政は運送会社ではないのです。

繰り返しますが、比類なき存在なのであって、言ってみれば、どちらも〝日本そのもの〟を象徴しているような銘柄なのです。

残る日本取引所グループは東京証券取引所と大阪証券取引所が経営統合して誕生し、やはり〝日本（の経済）そのもの〟をイメージできるような銘柄です。

もしかすると関係者各位はムッとされるかもしれませんが、率直に言わせてもらえば、いずれも今後の成長に大きな期待が寄せられている企業ではありません。

くしくも、日本郵政が上場を果たした翌日の日本経済新聞朝刊1面トップ記事には、「郵政上場、次は成長力　3社、売り出し価格上回る」との見出しが躍っていました。「本当はこれを書いた記者も、心底から高い成長を想定しているわけではないはずだ」と私は勘ぐってしまいました。

しかしながら、だからといって株価が上がらないのかといえば、けっしてそのようなことはありません。

その企業の個別要因よりも、日経平均株価などの株価指数と同じように、市場関係者のマインドがリスクオンとなった場面で盛んに物色される傾向が強いのです。そして、リスクオフで売られる宿命となります。

つまり、東京市場にドカッと大きな資金が流れ込んでくる局面において率先して動く銘柄だと位置づけられます。

その意味では、大いに注目に値する銘柄です。少なくとも、私は強烈にそう思っています。

NTT株といえば、1987年2月の新規上場直後こそ好調に推移したものの、その後は奈落の底へと落ちていった印象が強く、実際に第3次の政府保有株放出付近で同銘柄を手に入れた人は大損を被ったかと思われます。

そして、〝失われた20年〟と呼ばれたバブル崩壊の後始末局面においても長く低迷を続けました。

とはいえ、2012年12月からのアベノミクス相場を迎えた後は、力強い右肩上が

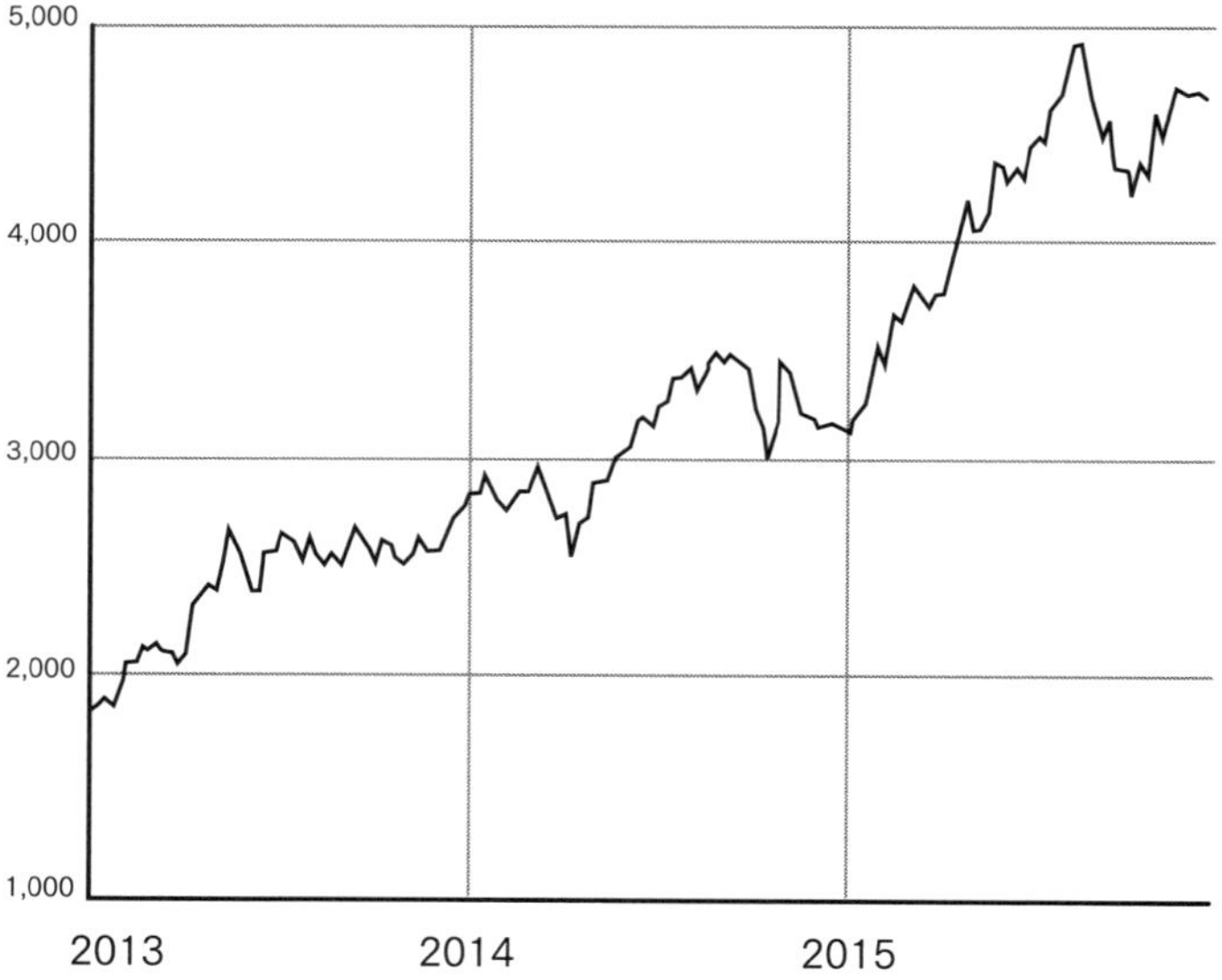

NTT（９４３２）３年週足チャート

りの推移を示しています。株価指数を牽引《けんいん》するかのように、率先して上昇を遂げているのです。

今さら口にするまでもない話ですが、２０１２年12月以来の相場を主導してきたのは外国人投資家です。〝日本そのもの〟のような銘柄は彼らにとって売買対象となる筆頭格です。流動性も極めて高く、買いたい時に買えて売りたい時に売ることができるものです。

もちろん、上場したばかりでトラックレコード（過去の推移）はまだ白紙に近いものの、日本郵政も然りだと言えそうです。

ならば、リスクオンのモードになって外国人投資家の資金が日本株に流れ始めた段階で私たち日本の個人投資家が真っ先に目を向けるべき銘柄も、ＮＴＴ／日本郵政でキマリではないかと私は思います。

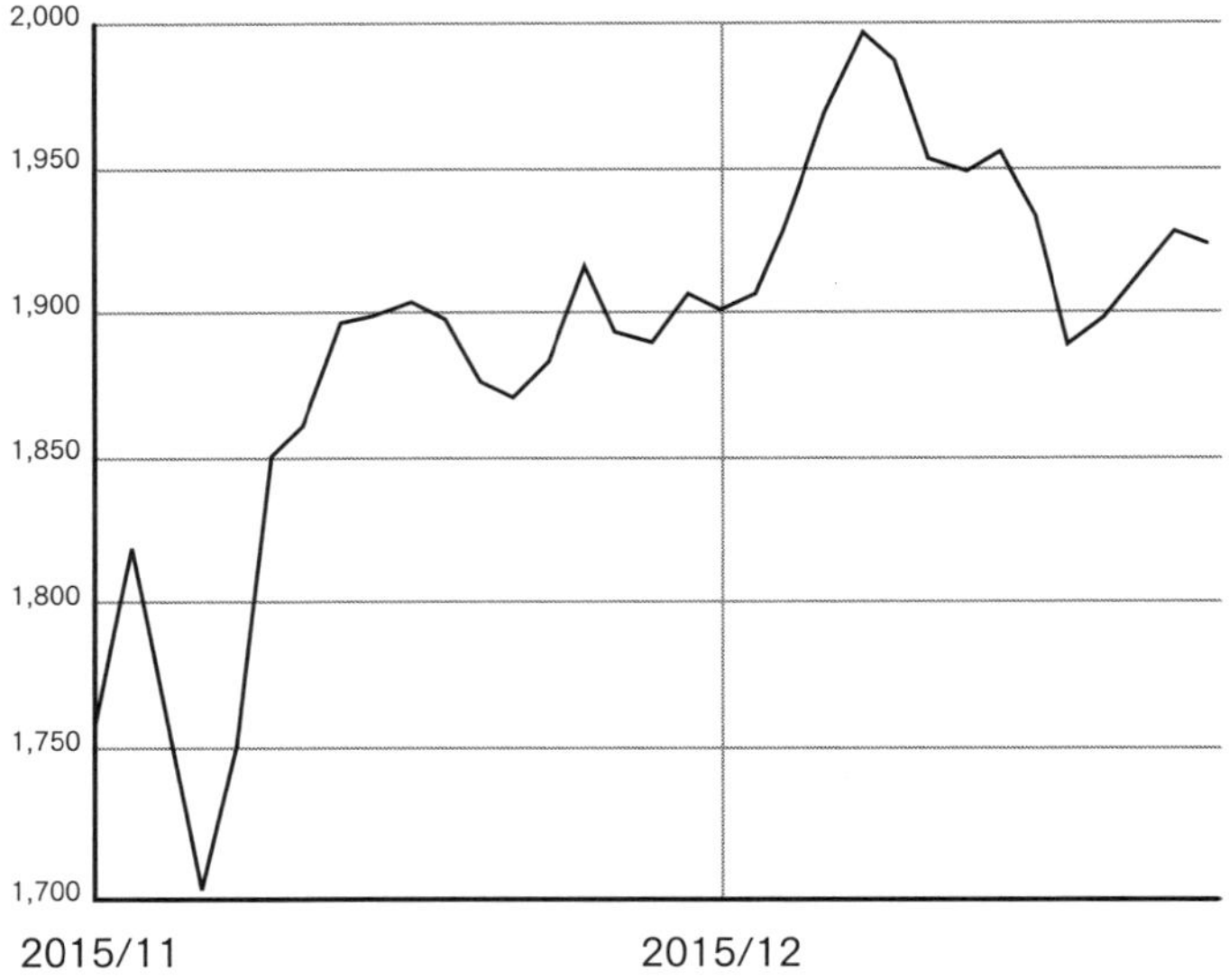

日本郵政（６１７８）日足チャート（11月４日以来）

ファーストリテイリングほか＝日経平均高寄与度銘柄

日本の代名詞とも言えるＮＴＴ／日本郵政に続いて私が注目するのは、日本株の象徴である日経平均株価です。とはいえ、それに連動するＥＴＦ（指数連動型上場投資信託）を狙うという話ではありません。

スポットを当てるのは、日経平均をほぼ支配していると表現してもけっして過言ではないファーストリテイリングとファナック、ソフトバンクです。これらは、日経平均株価への「寄与度」が高い銘柄です。

この「寄与度」とは、日経平均株価の動きに対し、個別銘柄がどの程度の影響を及ぼしているのかということです。逆から言えば、同指数に採用されている２２５銘柄が対等な力関係にはなっておらず、その中の一握りが強烈なインパクトを与えているのです。

日経平均株価はＴＯＰＩＸ（東証株価指数）と違って時価総額の大きさの違いを考慮しておらず、「その時点の株価を額面50円相当に換算した〝みなし株価〟を合計し、それを除数と呼ばれる値で割る」という手法を用いて算出されています。

その算出方法や根拠について理解する必要はありません。肝心なのは、結果的に〝みなし株価〟が大きい銘柄ほど、その株価の動きが日経平均株価に大きな影響を及ぼすようになることです。

つまり、先程の話に出てきた「寄与度」の高い銘柄です。

前述のファーストリテイリングとファナック、ソフトバンクこそ、その代表格（御三家）です。

他の銘柄がパッとしなくても、これら3社が目立って買われていたら、日経平均株価は上昇する可能性が高いです。逆に3社が大きく売られれば、他が堅調でも日経平均株価は弱含む可能性が高いです。

日経平均株価をはじめとする株価指数の存在感は今までにも増して高まってきてい

ます。

GPIF（年金積立金管理運用独立行政法人）が日本株の運用枠を拡大したり、日本の個人投資家の間でもETFがかなり普及したこともあって、「パッシブ運用」を行う投資家が急増しているのです。それは特定の指数に連動した成果をめざす運用で、日本株では「日経平均株価」や「TOPIX（東証株価指数）」が中心になります。

ちなみに、このところの東証全体において常にダントツの売買代金を誇っているのは、日経平均の2倍の値動きになるように設計されたETF（レバレッジETF）です。もちろん、「レバレッジETFを買おう」と言いたいわけではありません。

注目すべきは、「パッシブ運用」の増加に伴って、ファーストリテイリングやファナック、ソフトバンクへの潜在的な資金流入がかなりの規模で見込まれるということです。

それぞれがどんな企業なのかについても、簡単に触れておきましょう。

まず、ファーストリテイリングについてはご存じの人が多いはずですが、店舗名と社名が一致していないので念のためにサラリと説明しておきます。安く高品質のカジュアル衣料を展開し、国内のみならず海外でも大人気の「ユニクロ」や「ＧＵ」を運営している企業です。

ファナックはあまり一般の人々に馴染みがないかもしれません。様々な製造現場で使用されている工作機械の「数値制御装置」において、世界トップのシェアを誇っています。

と言われても、どんなにスゴイ装置なのか、なかなかピンとこない人も少なくないでしょう。工場のＦＡ（ファクトリーオートメーション＝自動化）を進めるうえで不可欠なもので、中国が世界の工場として躍進できたのは、ファナックのお陰だと述べてもまったく過言ではありません。

残るソフトバンクの説明についても、さほど行数を必要としないでしょう。携帯電話事業やプロ野球球団経営、さらにはおしゃべりロボット「Pepper」の販売まで、とかく話題に事欠かない会社です。中国の電子商取引大手・アリババや米国の携帯電話大手・スプリントなど、孫正義社長による海外企業への積極投資でも有名です。

実はこれら3社は、「成長株（会社の成長が期待されている株）」のカテゴリーに入っているのも大きな特徴でしょう。このため、NTTや日本郵政とは対照的に、個別の業績も株価に少なからず影響を及ぼしがちです。

たとえば、ファーストリテイリングは国内外の既存店の月次売上推移が注目されがちですし、「ヒートテック」などのヒット商品の動きも関係してきます。

ファナックあっての中国だと前述したように、同国の経済情勢と同社の株価の連動性も高いと言えるでしょう。実際、2015年の夏場はチャイナショックでかなり売り込まれました。

ソフトバンクについては、買収したスプリントが米国で業界4番手に転落したことが嫌気されたように、強気の戦略が裏目に出ている局面では株価も弱含みしやすくなります。その反面、孫社長が意表を突く大胆な戦略を打ち出した際には株価が急伸しがちです。

日経平均株価との強烈なタッグを組んでいることでも妙味がある一方、個別にも株価急騰の潜在力を秘めた3銘柄ですから、私としては絶対に外せない存在です。もちろん流動性も言うことなしです。

熱い思いに駆り立てられて一気に書き進めたので、今頃になってやっと気がつきました。日経平均株価とファーストリテイリング、ファナック、ソフトバンクの関係については、すでに第1章でもかなり力説していました……。

メガバンク株＝TOPIX高寄与度銘柄

機関投資家、ファンドマネージャーが日経平均よりも重視している株価指数がTOPIX（東証株価指数）です。個人投資家はそれほどでもないかもしれません。それなりに株式投資の経験がある個人投資家であっても、もっぱら気にしているのは日経平均株価の動きであったりしがちです。

アベノミクス相場ではTOPIXは日経平均株価と比べると、ここまで上昇のピッチが鈍く、出遅れています。

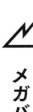

とはいえ、プロを中心に多くの投資家がＴＯＰＩＸに注目していることは紛れもない事実です。「パッシブ運用」を行う投資家が増えているという話は先でも触れましたが、ＴＯＰＩＸを連動対象としているケースもかなりの規模に達しています。

ＴＯＰＩＸの動きに大きく寄与しているのがメガバンク株です。

ということで、「三菱ＵＦＪフィナンシャル・グループ（８３０６）」と「三井住友フィナンシャルグループ（８３１６）」を〝機動的売買対象〟に挙げたいと思います。

三菱ＵＦＪフィナンシャル・グループは言わずと知れた国内最大手のメガバンクであり、リーマンショックで弱り果てた米国大手投資銀行モルガン・スタンレーの救済にも手を貸しました。三井住友フィナンシャルグループはその名の通り、旧財閥連合で旧日興コーディアル証券も傘下に収めています。

２０００年代初頭、ＩＴバブル相場後に株式市場が低迷していた頃に金融機関や大手企業の間における慣行だった持ち合い株を解消する動きが活発化したことがあり、当時は相場を下押しする悪材料とされがちでした。

ところが、足元ではメガバンクは持ち合い株の大掛かりな削減を推進しているにもかかわらず、株式市場では悲観視されていません。

具体的には、メガバンク3行で今後3年~5年の間に最低でも3割程度の持ち合い株（2兆円規模）を削減する方針です。むしろ、このことは経営の効率化につながるとして前向きに評価されているのです。

加えて、安倍政権と黒田日銀がデフレ脱却のために奮闘していることも追い風でしょう。銀行業はデフレ下では不振を極めますが、インフレ期待が高まってくると株価も強含んできますし、業績も回復基調を示しやすくなります。

そういった意味でも、メガバンク株の本格浮上とともにTOPIXも出遅れ感が解消されていき、日経平均株価の動きにキャッチアップしていく可能性が考えられるでしょう。

特にTOPIXは大きな資金を動かしている投資家が注視していますから、今後の本格上昇を期待したいところです。

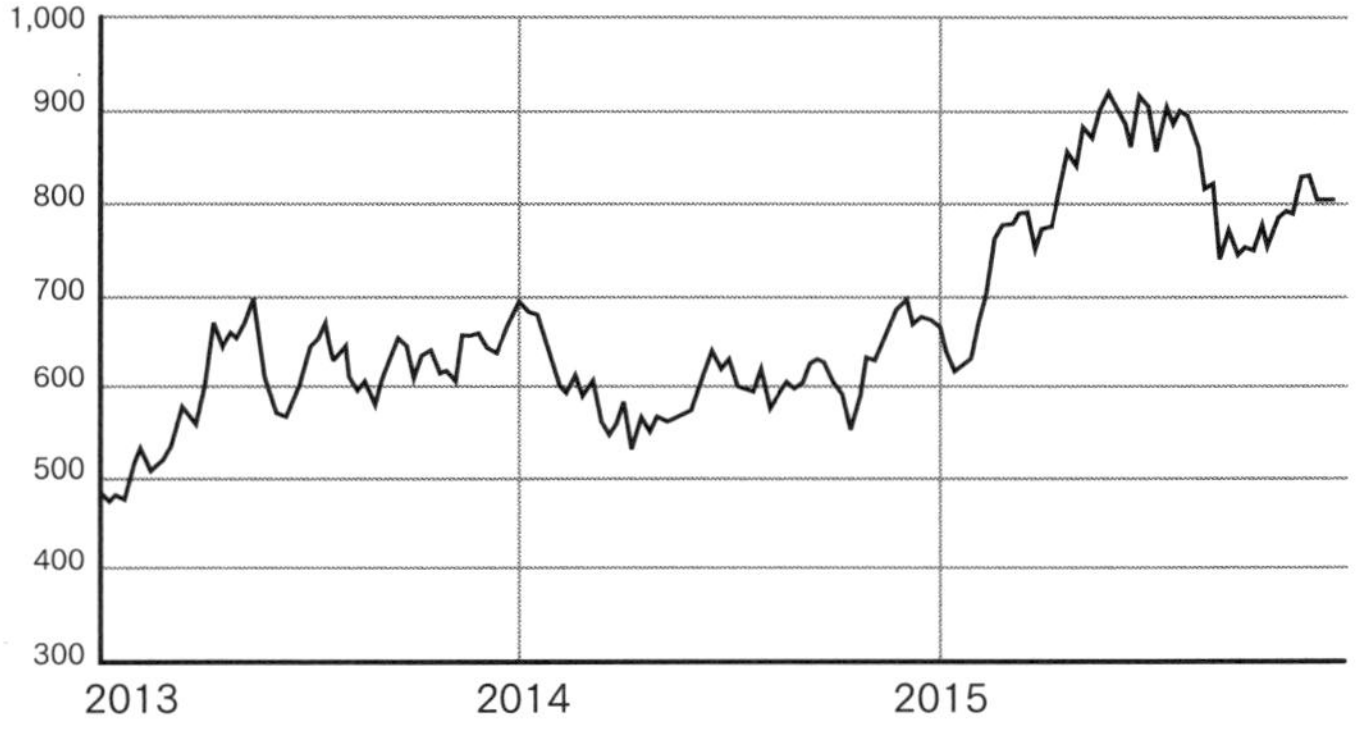

三菱ＵＦＪフィナンシャル・グループ（８３０６）　週足３年チャート

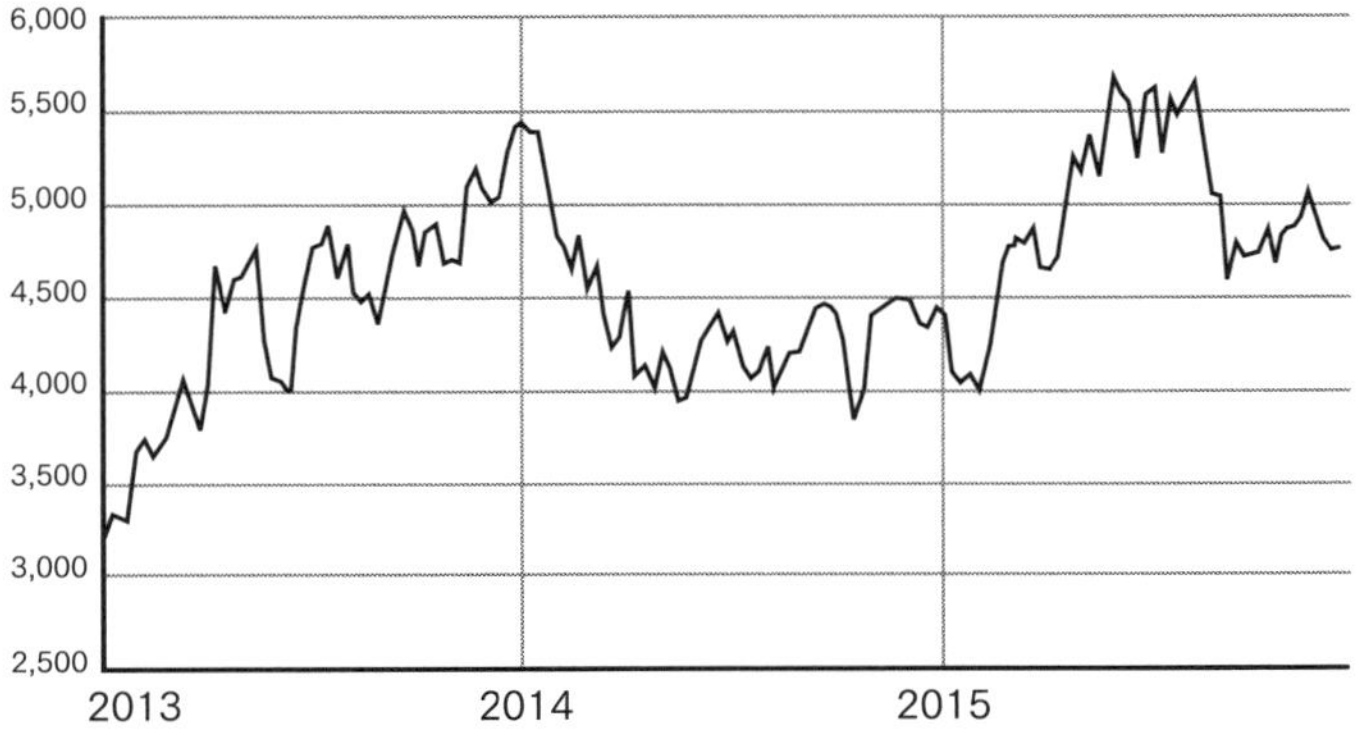

三井住友フィナンシャルグループ（８３１６）　週足３年チャート

ディフェンシブ（防衛的）株

もちろん、このタイトルを見ても読者のみなさんは、今から私がラグビーやサッカーのディフェンスの話を始めるとは思っていないでしょう。株式市場におけるディフェンシブ銘柄とは、業績がそれほど景気動向に左右されずに安定的であることから、株価も大崩れしないと認識されている企業のことを意味しています。

具体例を挙げれば、食品や医薬品、トイレタリー（ドラッグストアで売っている医薬品以外の商品全般）、鉄道など……。

ズバリ、言い切ってしまえば、それらは相場全体が厳しい情勢にあっても底堅い反面、総じて好調な場面でも地味な動きしか見込めなかった銘柄です。

ただし、「地味な動きしか見込めなかった」のは、もはや過去の話となっています。

すなわち、「地味ではない上昇」が起こりえたわけです。

おやおや、私としたことが、大変失礼いたしました。またもや、ここまで書き進めて気がつきました。今から始めようとしていた話は、第1章の時点でもうっかり筆を滑らせて触れていました。

もっとも、それはある意味で当然とも言えるかもしれません。なぜなら、第1章では目の前の相場で生じている潮流について指摘し、この第4章ではその動きに乗って大きな利益を出すために目をつけるべき具体的な投資対象について言及しているからです。

とにかく、この章は第1章と連動している話なのです。

改めて述べますが、2015年前半の上昇相場の主役は薬品株や食品株をはじめとするディフェンシブ銘柄でした。そして、そういった銘柄の株価上昇が目立ちました。

相対的に、ディフェンシブ（防衛的）であることから売りものも少ないのが特徴でもあります。その結果、「買いが多く売りが少ない状況」が作り出されました。いわば需給の歪《ゆが》みのようなものが生じたのです。その結果、ビックリするような高値に進んだのです。

第1章でも触れたように、低リスク志向のETFが増えて、それらからディフェンシブ銘柄への資金流入も顕在化しています。未来永劫、こうしたパターンが続くことはないものの、当面はリスクオンになる度に、ディフェンシブ銘柄の株価が思いのほか上昇するということになりそうです。

では、ディフェンシブに位置づけられる中でも具体的な狙い目は何か？

その1つは「明治ホールディングス（2269）」で、明治製菓と明治乳業が2009年に経営統合した企業です。

乳製品と製菓で国内トップに君臨しているうえ、医薬品までカバーしているわけですから、まさしくディフェンシブ銘柄のど真ん中です。

「塩野義製薬（4507）」も注目したい銘柄です。

「痛いときにはすぐセデス」などの市販薬が一般的には印象深いですが、抗うつ薬や抗HIV薬などの販売が順調で、この秋に、わずか1日でインフルエンザを治療できる世界初の新薬の実用化が秒読み段階になっていることでも話題を集めました。

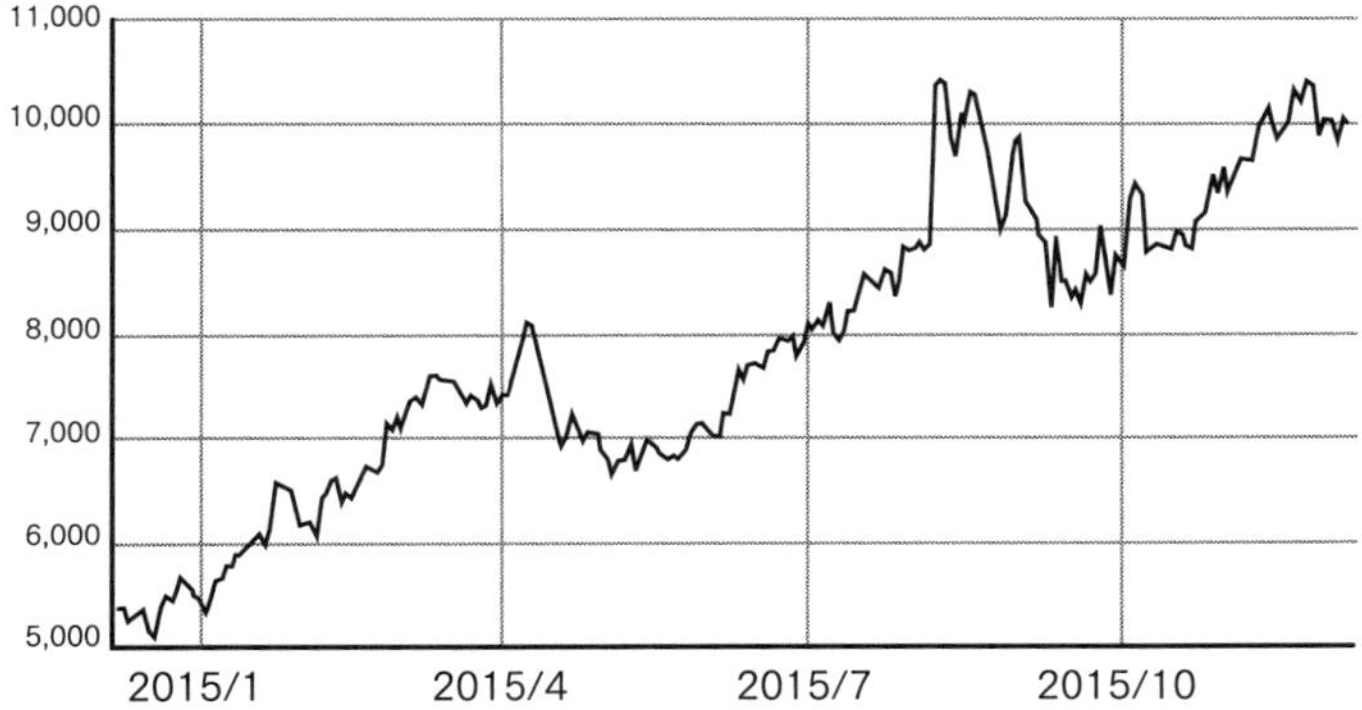

明治ホールディングス（２２６９）　１年日足チャート

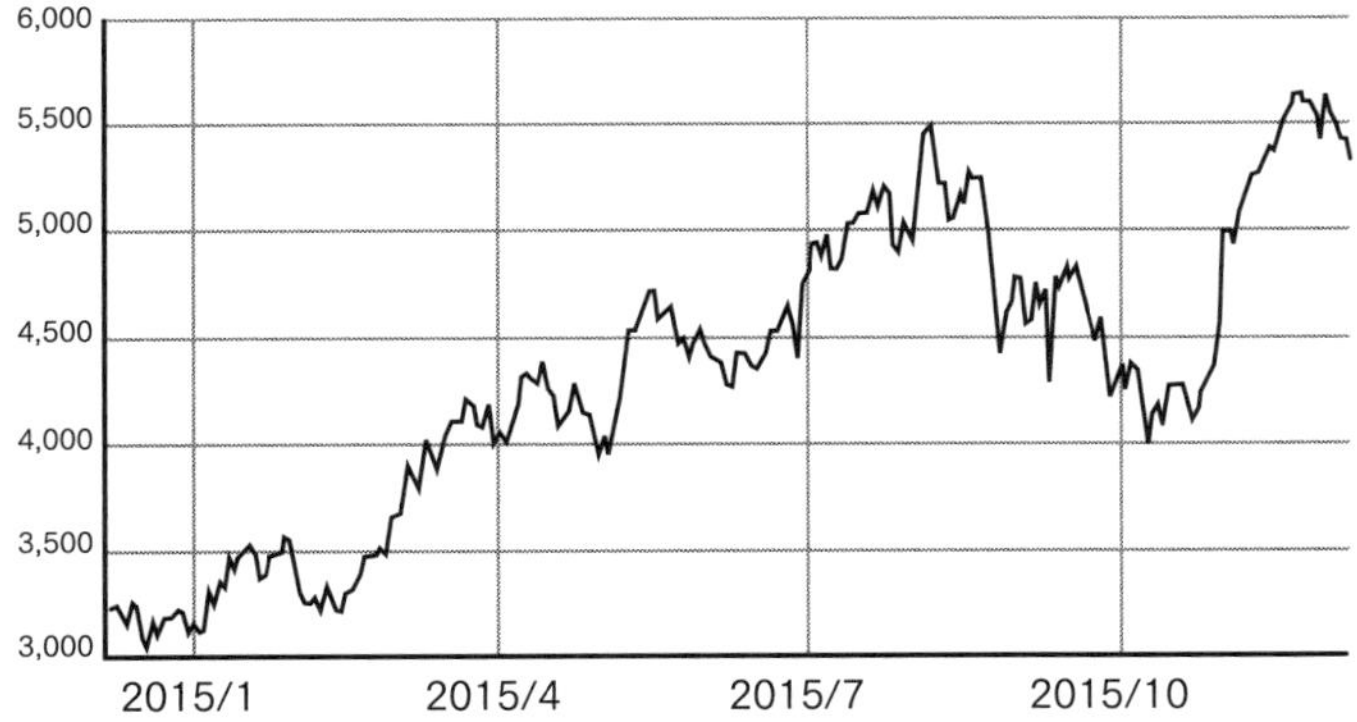

塩野義製薬（４５０７）　１年日足チャート

電力株の一部

かつての電力株は、業績が景気の動向にかかわらず安定的に推移し、高配当が目当ての投資家が長期保有するというパターンが一般的でした。

キャピタルゲイン（値上がり益）狙いよりも、インカムゲイン（配当収益）狙いが圧倒的に主流だったわけです。

ところが、２０１１年の３月に電力株は大きな転機を迎えています。東日本大震災によってもたらされた福島第一原発の事故以降、当事者である東京電力の株価は急落し、その後も非常に荒い値動きをするようになりました。

他の電力株の株価下落も顕著になったのです。

周知の通り、日本中の原発が停止することになり電力各社は早急に火力発電のウエートを高めざるをえなくなりました。その結果、コスト増によって経営が著しく圧迫されました。

2013年を迎えた頃からようやくその流れに変化が生じ、大底を脱したとの印象は強まっていましたが、さらに足元で大きな動きがありました。

2015年の10月中旬、九州電力をはじめとする電力株が軒並み上昇する局面が訪れたのです。その前日から同社が川内原発2号機を再稼働させており、「2016年3月期の最終損益が5期ぶりに黒字転換する公算が大きくなった」と新聞で報じられたことがキッカケとなったようです。

もちろん、電力各社が一様にすぐさまV字回復を果たすとは思いがたいのが実情です。依然として「原発再稼働反対！」の声も少なくなく、電力各社にとってまだまだイバラの道は続いていると言えそうです。

もしも私が電力会社の経営者であったら、今なお眉間に深いシワを寄せた表情を崩さないことでしょう。

もっとも、原発再稼働の動きの一方で、原油価格の低迷が続いているという事実が存在していることも確かです。相変わらず火力発電に依存する状態が続くにせよ、これまでよりもコスト負担は軽くなってきたのです。

電力各社の業績がどの程度のピッチでどこまで回復するのかまだ未知数ではあるものの、目の前で株価が大きく動いているという現実は直視したほうがよさそうです。常に投資家は、「株価こそ指針だ」のスタンスを貫かなければならないと私は考えています。

冒頭でも触れたように、かつての電力株は配当目当てのコンサバティブな投資家たちのオハコでした。しかし、今は明らかに〝材料株〟の様相を呈していると言えるのです。

現実に業績が回復傾向を示し、この先の復配が見通せるところまでくれば、「震災以降、電力株には手が出せない」と尻込みしていたかつてのコンサバ投資家も再び買ってきそうです。反面、事業環境の改善を踏まえて、電気料金の引き下げを行う可能性も考えられ、それはネガティブ材料となるでしょう。

ただ、株価が派手に動き始めていることは確かですから、無視するわけにはいかな

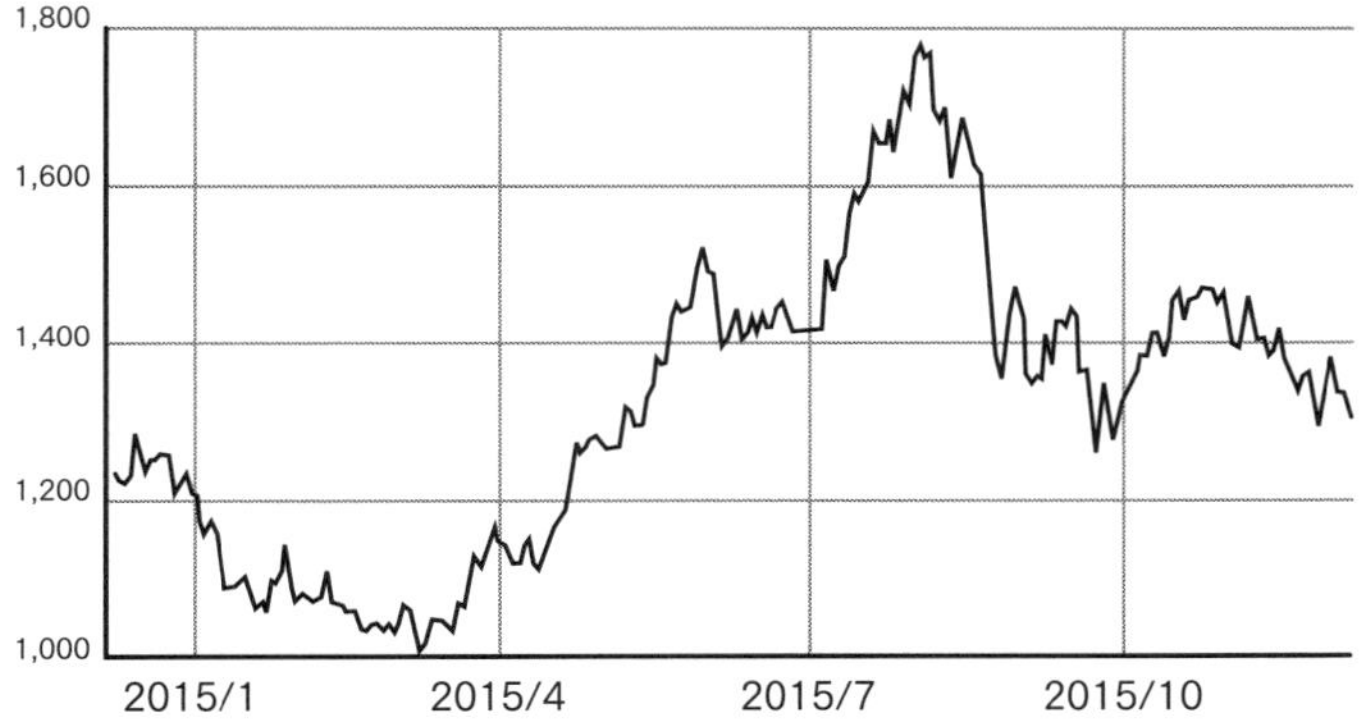

九州電力（９５０８）　１年日足チャート

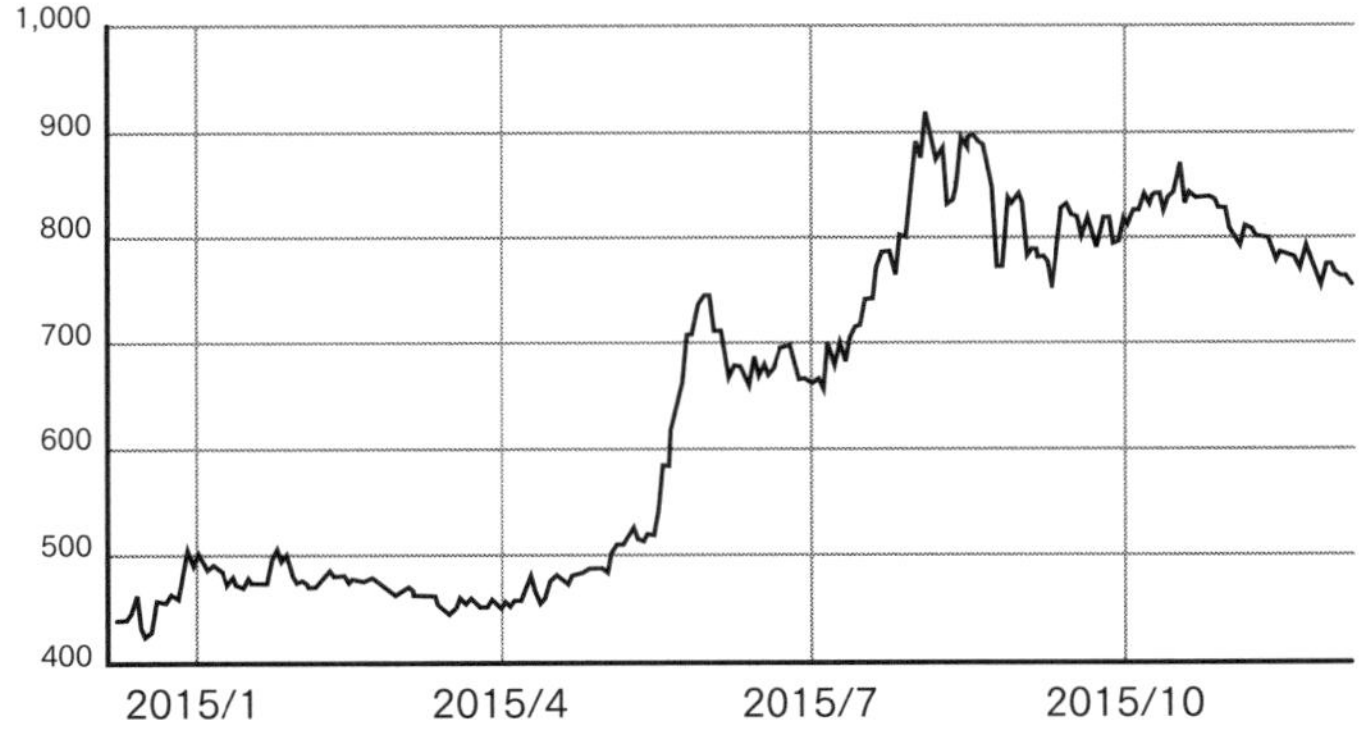

東京電力（９５０１）　１年日足チャート

いと私は思っています。

そうそう、電力株の中でも具体的にいずれの銘柄が狙い目であるのかについて言及していませんでした。

あまり奇をてらう必要はなく、すでに原発再稼働を果たした「九州電力（9508）」と、電力株の象徴的な存在である「東京電力（9501）」を追いかけるので十分ではないでしょうか？

大手ゼネコン株

ゼネコン株といえばかつて、証券株や不動産株とともに株高時の象徴的な存在でした。最近株式投資を始めた方にはその認識が薄いかもしれませんが……。

2012年12月からスタートしたアベノミクス相場でも、やはりゼネコン株が主役として舞台の上に駆け上がってきました。

ゼネコンの事業は非常に泥臭いというか、まさに〝縁の下の力持ち〟で、国内外のあちこちで土埃やセメントにまみれながら、せっせとインフラを築いてくれているわけですが……。

もちろん、それはあくまで現場に限定した話ではあるものの、そのようなイメージが強いことは確かでしょう。そして上場しているスーパーゼネコンといえば、「大成建設（1801）」「大林組（1802）」「清水建設（1803）」「鹿島（1812）」の4社です。

このうち、大成建設は東京スカイツリーや横浜ベイブリッジなどを手掛け、超高層ビルや橋からトンネル、地下鉄工事まで幅広くカバーしていることで知られています。また、アラブ首長国連邦では欧米勢に競り勝って海底トンネル工事を受注するなど、海外でも大いに活躍しているそうです。

ちなみに、社名は創業者である大倉財閥の故・大倉喜八郎氏の戒名「大成院殿礼本超邁鶴翁大居士」が由来となっているとか……。

続いて大林組は、ユニバーサル・スタジオ・ジャパンや大阪証券取引所、大阪市庁舎、大阪ドームなどの施工物件からも想像がつくように、もともと関西が拠点のゼネコンでした。もちろん、新宿タカシマヤ・タイムズスクエアや東京駅丸の内駅舎など、関東でも高い実績を上げていますし、イオンレイクタウンやイオンモール幕張新都心など、イオン系の商業施設も手掛けています。

次に清水建設は、サンシャイン60や横浜スタジアム、汐留の日テレタワーなどを施工していますが、医療機関やLNGタンクの建設にも強いとの定評があります。

残る鹿島は、霞が関ビルディングやフジテレビ本社の他、秋葉原の開発プロジェクトや原発設備の建設にも携わっています。これら4社が日本を代表するインフラの多くを築き上げてきたということです。

日本が先進国でもワーストの財政赤字を抱え、数々のムダも指摘されていたことから、安倍政権誕生前まで公共事業が抑制傾向にありました。しかし、大震災からの復興やトンネル事故を教訓とした国土強靭化計画の推進、さらには2020年の東京オリンピックに向けた関連施設や幹線道路の整備など、ここ何年かのうちに建設需要が急速かつ大幅に拡大しています。

こうした経営環境の目覚ましい好転を受けて、各社の業績も著しく改善しています。実際、2015年3月期中間決算において通期の業績見通しを上方修正する動きも目立ちました。

日銀の金融緩和の効果に関して懐疑的な見解を示す専門家も少なくありませんが、世の中のカネ回りがかなりよくなって、人手不足も顕著になるほど、あちこちでインフラ工事が活発化していることは紛れもない事実でしょう。

どのようにヘソをねじ曲げて考えても、2016年にこうした流れがプツリと途絶えるとは、私には思えません。すでにゼネコン株は結構上がってきていますが、まだまだ安く買える局面も訪れます。

円安にビビッと反応する自動車株などとはまったく異なるタイミングで上がることも、エントリーの好機を探るうえでヒントの1つとなるでしょう。

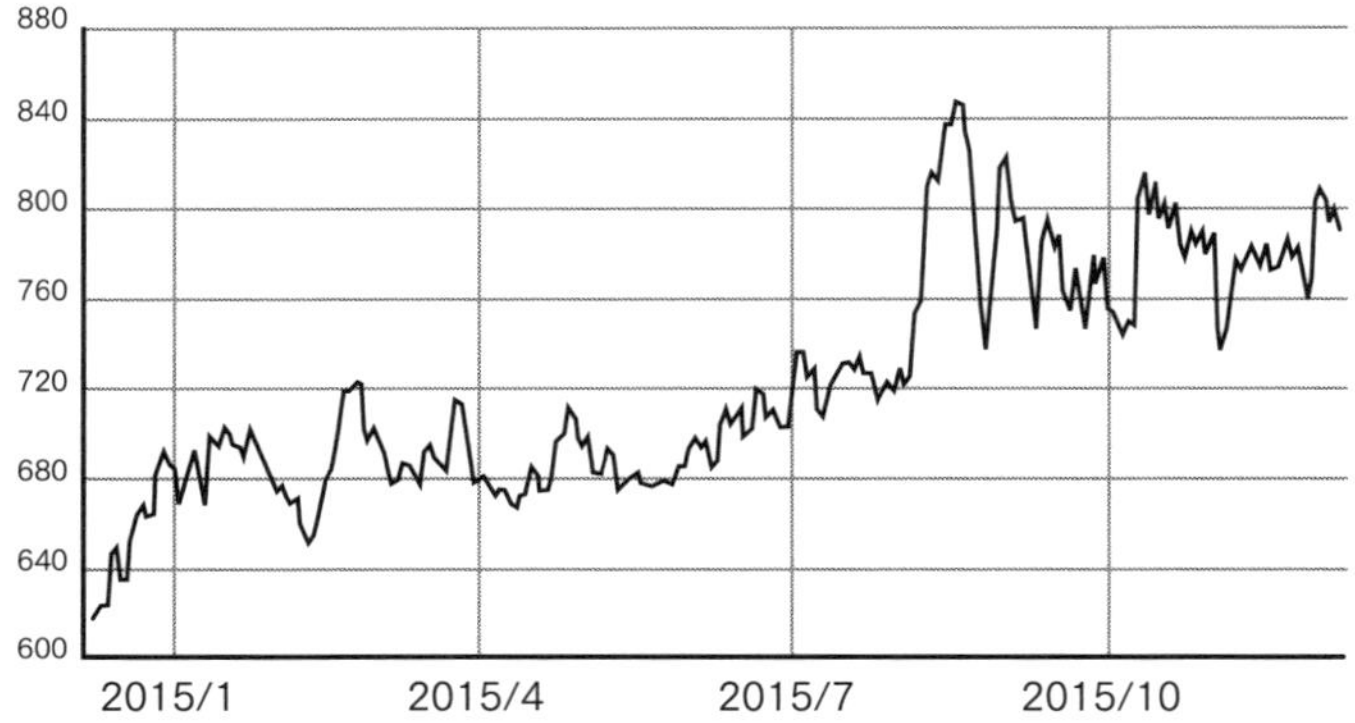

大成建設（１８０１）　１年日足チャート

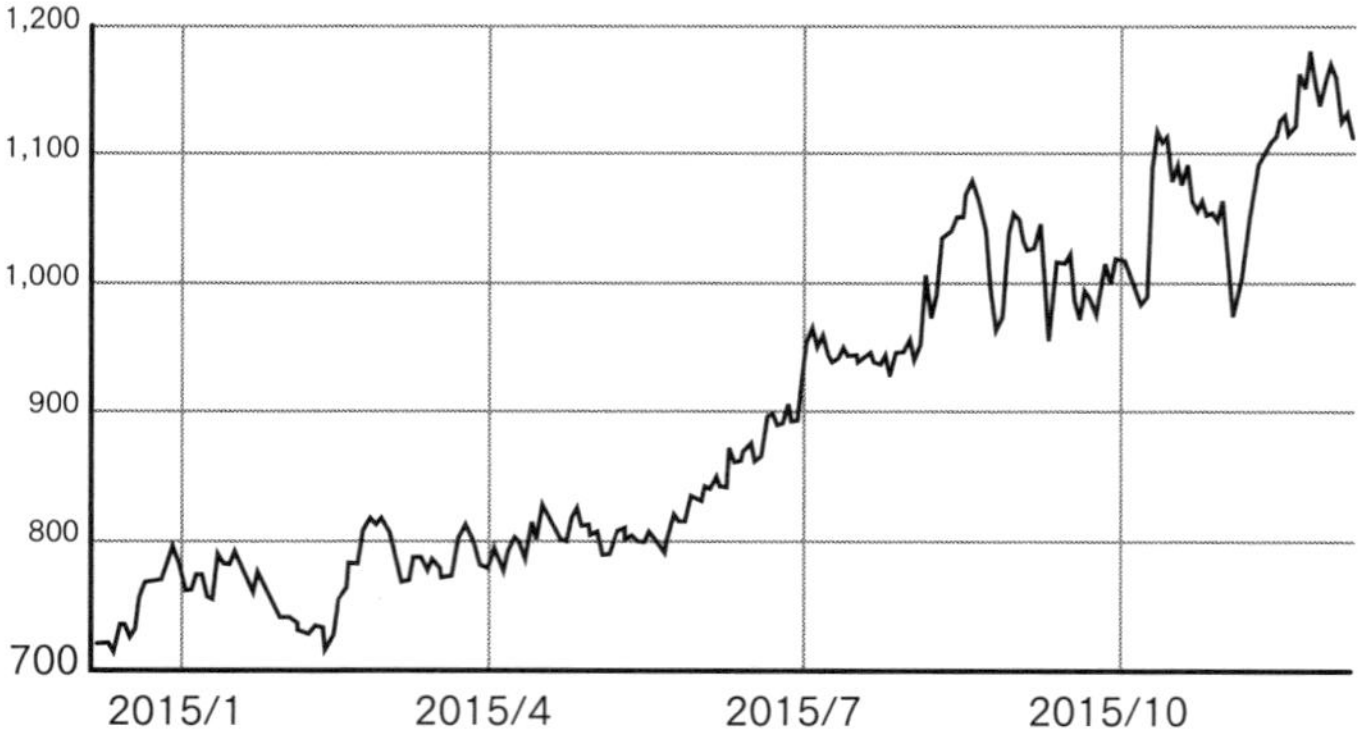

大林組（１８０２）　１年日足チャート

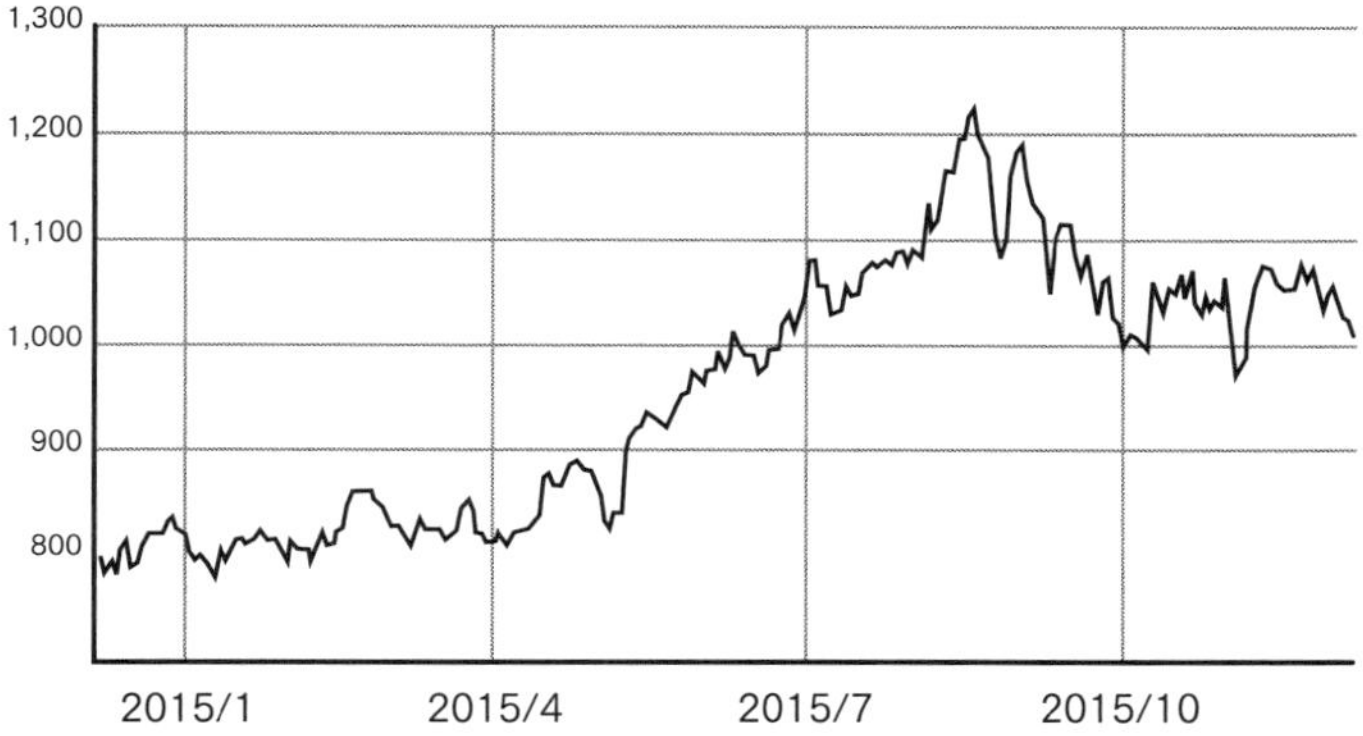

清水建設（１８０３）　１年日足チャート

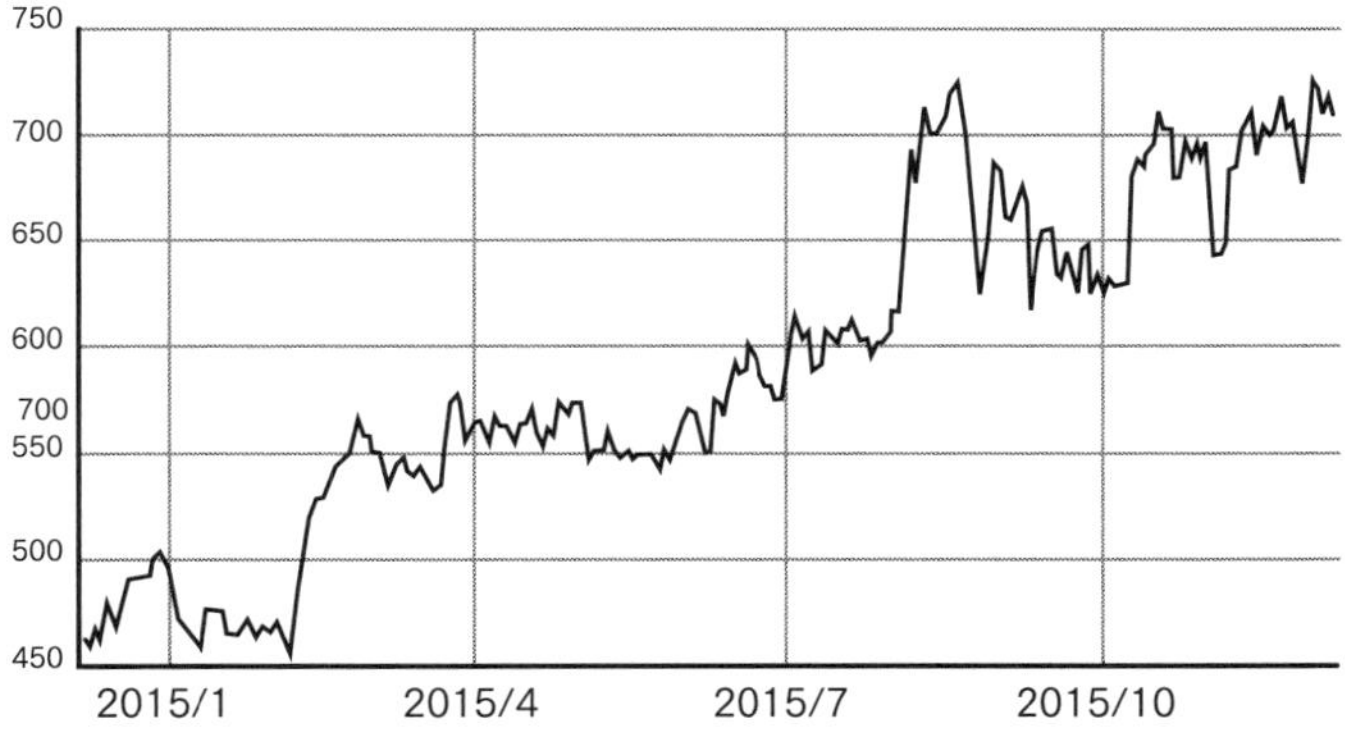

鹿島（１８１２）　１年日足チャート

ミクシィほかマザーズ高時価総額銘柄

最初に断っておきますが、もしも本書が発売された後にミクシィ（２１２１）が東証１部市場に指定替えされていたら、これから説明する着眼点の投資においては、残念ながら対象外となってきます。

その場合には、東証マザーズ市場において時価総額が上位に位置している他の銘柄に矛先を切り換えてください。

東証マザーズ市場における主力銘柄であることが肝心だということです。

なぜなら、２０１６年の半ばに大阪取引所が「東証マザーズ指数先物取引」の導入を計画しており、それを見据えての投資戦略だからです。

東証マザーズ指数とは、同市場に上場する全銘柄の値動きを反映している株価指数です。大証によれば、新興株市場に対する新たな投資手段やヘッジ手段を提供することが導入の目的とか。

それを機に、同市場の時価総額上位銘柄に対する需要が高まることはまず間違いなさそうだと私は思います。

同先物取引は3月、6月、9月、12月の各第2金曜日（休業日の場合は順次繰り上げ）を取引最終日とした5限月制となる見通しで、それらの前後の攻防も今から非常に興味深いところです。

話をミクシィに戻しますが、同社はドメスティックなSNS（ソーシャルネットワーキングサービス）の会社だと思い込んでいたら、いつの間にかすっかりゲーム会社へと変貌していました。依然として「モンスターストライク（モンスト）」は根強い人気ですし、今後も課金収益が拡大してそのことが株価に反映されることも十分に考えられるでしょう。

しかしながら、あくまで私が同銘柄に注目するのは、「東証マザーズ指数先物取引」が始まるからです。それに連動して恩恵を受けるのは、結果的に同市場において時価総額が大きい銘柄であるためです。

同取引が導入されたら、いわば、持たざるをえない銘柄と化すのです。ですから、「モンスト」のファンがさらに拡大するとか、そんなことではないのです（そうなればなったでいいのですが）。とにかく、前述の先物取引が無事スタートし、ミクシィがそれまでずっと東証マザーズ市場に在籍し続けることが重要なのです。

なお、現在の同市場における時価総額ランキングでミクシィに続いているのは……？　かなり金額的には離されていますが、医療や介護の現場で使用するロボットスーツを開発しているサイバーダイン（7779）です。

そういえば、厚生労働省が医療機器として認可する方針を決めたとの報道でも注目されました。ですが、ミクシィのケースと同様、そういった話題とここで紹介した戦略はまったく別です。

インバウンド消費関連株

気がつけば、「インバウンド」という言葉をやたらと耳にするようになりました。私が住んでいる東京でも外国人観光客の姿が目につくようになりました。

インバウンドという英単語の直訳は「外から入ってくる」ですが、具体的に続々と入ってきているのは、「国外からの訪日外国人旅行者」なのです。

政府は2003年に「外国人旅行者訪日促進戦略」を発表し、訪日旅行の魅力をアピールすることに力を入れ始めました。安倍政権はこうした観光立国の戦略にいっそうの力点を置き、「訪日旅行促進事業（ビジット・ジャパン事業）」を推し進めています。

こうした取り組みが奏功し、2003年に年間521万人だったインバウンドは2

014年には年間1341万人にまで拡大しています。

東京オリンピック開催の2020年までに年間2000万人まで拡大させることが次なる目標でしたが、早くも2015年中に達成する見通しです。それを踏まえて安倍首相は、次のように言い放っています。

「2000万人は通過点だ」

もともと観光庁は3000万人まで増やすことを大目標として掲げていたので、次はこの数字がターゲットになってきそうです。ともかく、はっきりと見えているのは、これから先もインバウンドがどんどん増えていくということです。

「観光は成長の重要なエンジン」

安倍首相はこのようにも述べており、「名目GDP（国内総生産）600兆円」という大目標を達成するためにも、一段とインバウンドの取り込みに力を入れていくでしょう。

もちろん、投資家として期待しているのはインバウンドたちが日本国内にチャリンチャリンとお金を落とし、日本企業が儲けることです。

観光庁が2015年1月に発表した「訪日外国人消費動向調査」によると、2014年における訪日外国人の消費総額は前年比43％超の増加を示し、過去最高の2兆305億円に達したそうです。

2000万人、3000万人とインバウンドの数が拡大していけば、もっと大量のお金を落としていくのは必至なのです。

すでに現時点においても、「ホテルの施設がとても足りないから、アパートやマンションに〝民泊〟してもらおう」とかいった賑わい振りですが、まだまだ序の口にすぎないということ。その先には、十両、幕内級の経済効果が発生するという結果はすでにはっきりとしているわけです。

この流れに乗らない手はないと私は考えます。

では、インバウンド消費関連の中でも特に有望なのは何なのか？　中国人を中心に炊飯器、温水便座、さらには一部医薬品なども人気を博していますが、リピーターとして頻繁に買い続けるという意味では、「化粧品」にもたらされるインパクトがひときわ大きいのではないでしょうか？

韓国のソウルのように、すでに東京のあちこちにも市中免税店が増えていますし、今後は国際ｅコマースもいっそう普及するでしょうから、帰国後も日本製の化粧品を容易にリピートできるようになりそうです。

女性には説明無用ですが、化粧品は使えば使うほど必ず新しいものを買うという行動パターンになります。「なるべく使わずにすませられれば、それに越したことはない」といえる医薬品とは、大きく性格が異なるわけです。

では、日本を代表する化粧品メーカーといえば、やはり「資生堂（４９１１）」と「コーセー（４９２２）」ということになるでしょう。

明治時代の初めに調剤薬局として創業した資生堂は化粧品の最大手で、世界でも五指に入っています。つまり、インバウンドたちの間でも抜群の知名度を誇っているということです。

コーセーは口紅やファンデーションがもともとの主力商品で、基礎化粧品「雪肌精」が外国人にも大人気です。

特筆すべきは、すでに１９６０年代からアジア市場への積極進出を図ってきたこと

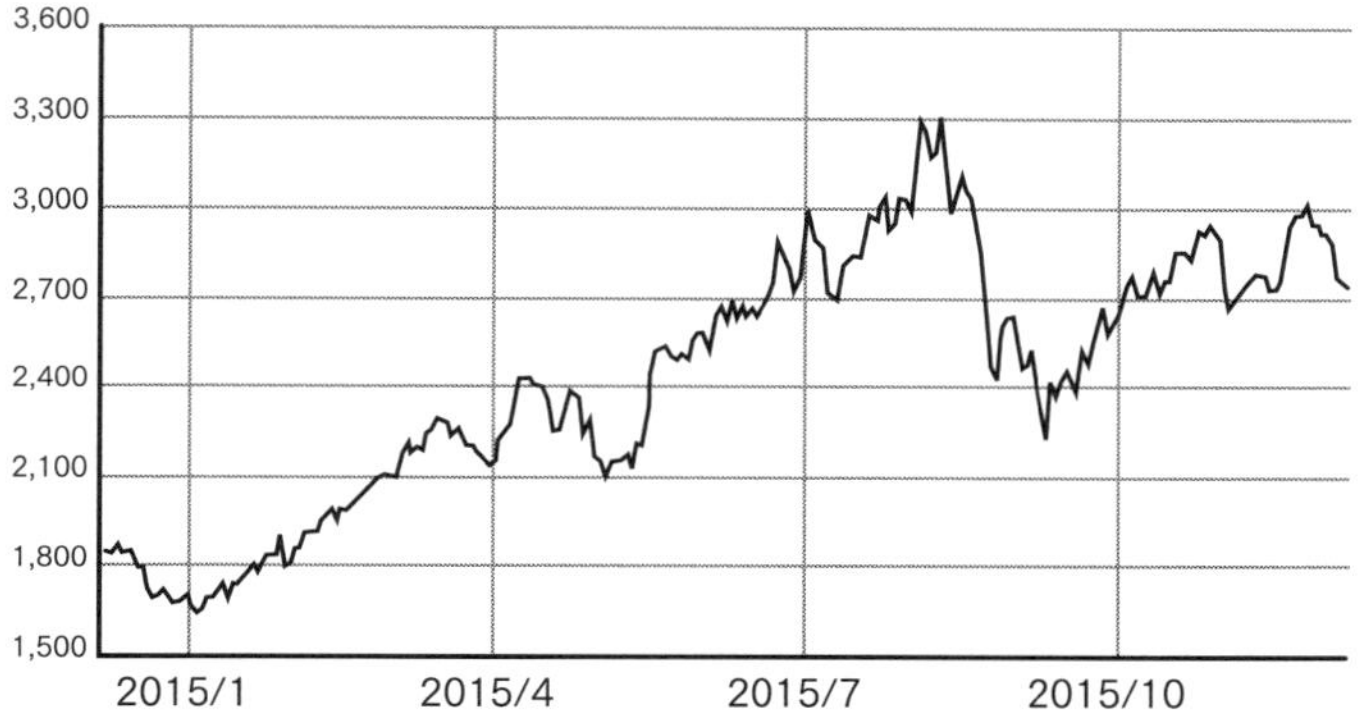

資生堂（４９１１）　１年日足チャート

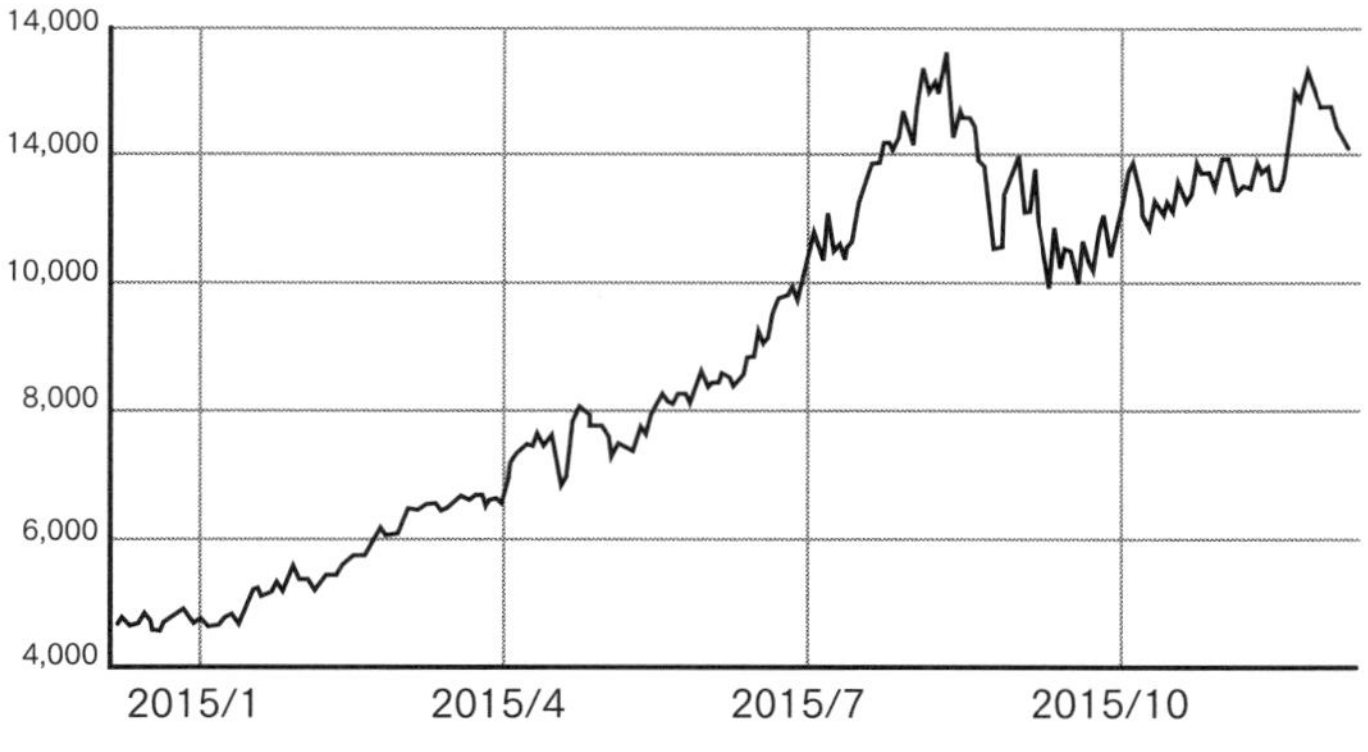

コーセー（４９２２）　１年日足チャート

で、同社にはインバウンドたちから支持されやすいというアドバンテージがあります。

インターネットセキュリティ関連株

通常なら株式市場はネガティブなニュースに対し、株価の下落というパターンで反応するものです。しかも、ポジティブなニュース以上に派手な反応を示しがちだと言えるでしょう。

典型例が不祥事で、不適切会計という事実上の粉飾処理を行った東芝や杭打ちデータを誤魔化した旭化成（正確にはその傘下企業）など、単に世間から批判を浴びるだけでなく、株式市場でも売り叩かれるのが宿命です。

ただし、その一方でネガティブなニュースが特定の企業にとっては追い風となったりするケースも存在します。

たとえば新型インフルエンザが流行った場面では、マスクや殺菌消毒剤のメーカーなどが株式市場で物色されました。

ネガティブなニュースで、株価が大きく上昇するというパターンです。

もうお気づきかもしれませんが、ここでクローズアップする銘柄も、まさしくネガティブなニュースが逆に業績躍進に結びつくところです。インターネット全盛となった今の社会において、そのセキュリティは極めて重要な問題となっているからです。

実際、大々的に報道されてきたように、深刻な事態はすでにいくつも発生しています。２０１５年6月には、日本年金機構のパソコンがコンピュータウイルスに感染し、年金加入者の名前や基礎年金番号など、約１２５万件の個人情報が流出していたことが発覚しました。

また、２０１４年11月にはソニーの１００％子会社である米映画大手のソニー・ピクチャーズ・エンタテインメントがサイバー攻撃を受けました。同社が北朝鮮首脳を風刺したコメディー映画を劇場公開する予定だったため、それを妨害するために同国政府が仕掛けたと、米国のオバマ大統領が直々に公式見解を発表しています。

かの国としても、脅しのミサイルを海に放つのはかなりの資金と手間がかかるので、切り札としてできるだけ温存しておきたいはず。その点、サイバー攻撃なら軍事力の差も無関係で、ネットを通じて比較的簡単に攻撃できます。

だからこそ、世界最強の米国に対しても、サイバーテロリストたちは気軽にアタックを仕掛けているのです。

2015年7月にも国防総省（ペンタゴン）の米国統合参謀本部に対してサイバー攻撃があり、約2週間にわたってメールシステムが使えなくなる事態に陥ったとか。これに限らず、四六時中ペンタゴンはサイバー攻撃に見舞われている模様です。

この先、こうした騒動は増えることはあっても、けっして減ることがないのは、誰の目から見ても明白でしょう。

むしろ、これからがサイバーテロ時代の本番であるとさえ言えそうです。

特に日本は2020年に東京オリンピックの開催を控えるだけに、なおさらあると覚悟したほうがいいでしょう。2012年のロンドンオリンピックの前後でも、英国に対するサイバーテロ攻撃が活発化したそうです。

だとすれば、今まで以上に株式市場でも高い関心が寄せられるテーマになると考えるのは自然ではないでしょうか？　しかも、世界共通の〝不安の種〟となるわけですから、いっそうのインターネットセキュリティ強化は喫緊の課題となっています。

では、そういったニーズに幅広く応えられる企業はどこでしょうか？　はい、それはセキュリティソフト「ウイルスバスター」で知られる「トレンドマイクロ（4704）」でしょう。国内ではトップシェアで海外でも3番手につけており、米国ヒューレット・パッカードのセキュリティ事業の一部を取得し、さらに付加価値の高いサービスを提供する方針だといいます。

意外と知られていませんが、同社は海外売上高比率が高いグローバル企業で、今後も国内外でシェアを伸ばしていくことが期待されます。特に諸外国と比べて対策が後手に回りがちだった国内では、年金情報流出問題のみならず、2016年1月から導入されているマイナンバー制度も踏まえて、セキュリティ関連への投資が活発化する可能性が大です。

こうして、突風となって背後から押し寄せてくる追い風のど真ん中に立っているの

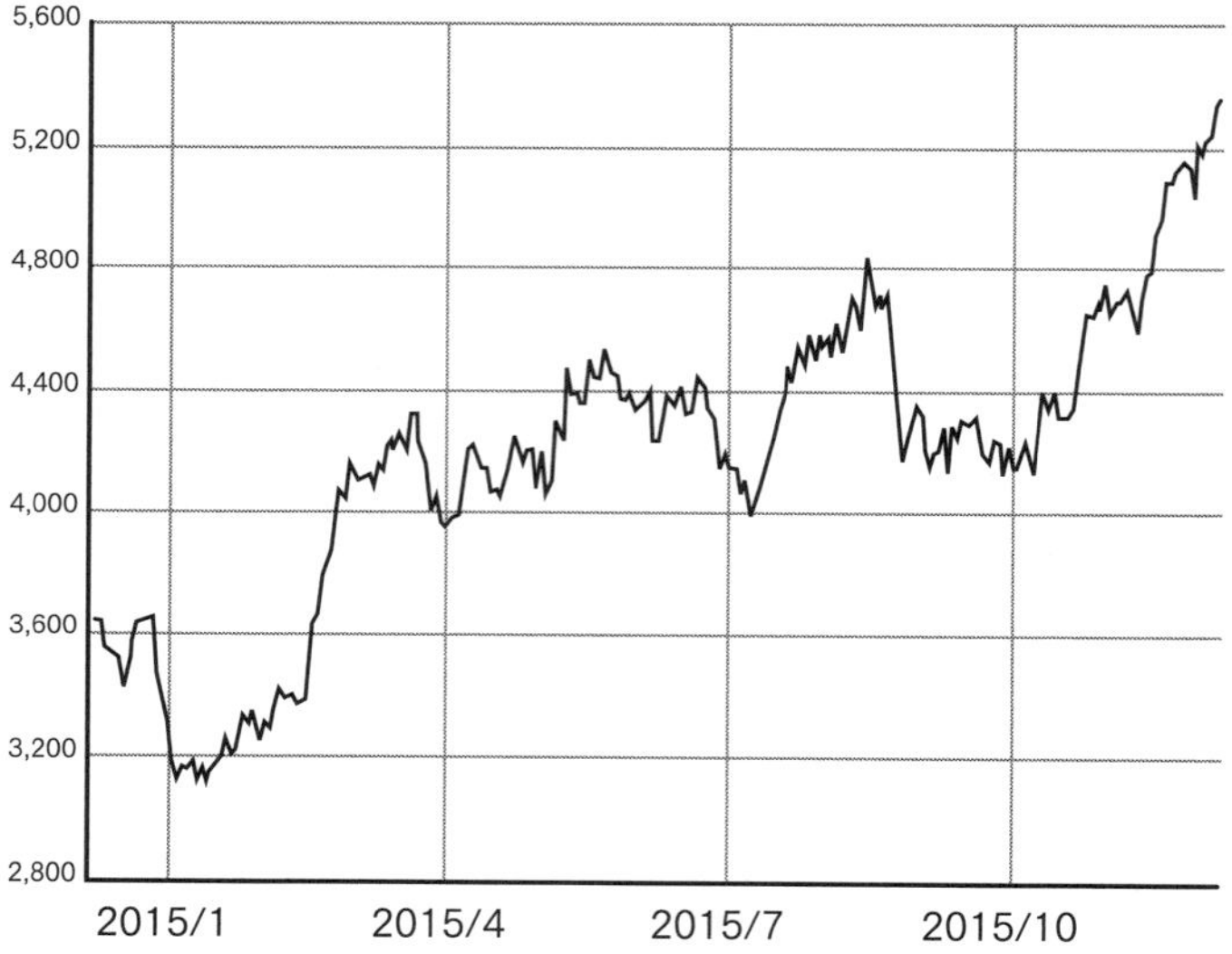

トレンドマイクロ（４７０４）　日足１年チャート

がトレンドマイクロなのです。

自動車の自動運転関連株

株式市場においてはもちろん、世間でもにわかに騒がれ始めたのが自動車の自動運転です。

主要自動車メーカーやカーナビメーカー、CMOSイメージセンサーに強みを持つソニー、さらにこの分野を専門とするZMP（未上場）のようなベンチャー企業まで絡んで、開発競争を繰り広げているようです。

自動運転には「自律型」と「協調型」があり、前者が、車載のセンサーやカメラなどの機器だけで周囲の状況を判断しながら走行するのに対し、後者は車外から提供される情報を無線通信で取得しながら走行するのだとか。いやはや、スゴイ話でドラえもんの世界のようですね。

しかし、多くの人はちょっと曲解をしている気がしてなりません。

ひょっとしたら、すぐにでもフルオートで目的地に到着してくれる自動運転車が実用化すると思っているのではないでしょうか？

せっかくバラ色のユメを見ていたのに叩き起こしてしまうようで恐縮ですが、それは随分先の話になると私は思います。

たとえば、米国のグーグルがかねてから自動運転に注力し、すでに公道において試験運転を何度も重ねてきたことは広く知られていますが、実は思わぬ難題に直面しているそうです。

自動運転車がプログラムに沿って交通規則を守って運転するのに対し、生身の人間は状況に応じて柔軟に対応し、場合によっては少々規則を無視した対処を行うものです。そのため、自動運転車があまりにも安全運転すぎて、生身の人間が運転している自動車との間で事故を起こすという事例があるのだそうです。

実用化されればすべての自動車が自動運転に切り替わるはずもなく、しばらくは混在するのが必至ですし、この難題はなかなか簡単には解決できそうにありません。そういった問題への取り組みも含めて、まずは部分的かつ段階的な自動運転化が進んでいくと考えるのが自然だと私は思います。

すでに実用化されているように他の車や歩行者などと衝突しないクルマとか、駐車場や高速道路のインターチェンジなどといった限定的なエリアでの自動運転など、少しずつステップを踏みながら、完全な自動運転をめざしていくのが現実的ではないでしょうか？

そう考えると、自動運転というテーマで注目すべき銘柄を見つけるのは、実にシンプルな発想で十分です。今まで以上に自動車の電装化が進んでいくことは間違いないワケですから、自動車部品分野の国内最大手にまずは注目すべきだと私は考えます。

「デンソー（6902）」です。

自動車部品で世界の頂点に立つメーカーで、エンジンや熱機器、駆動系なども手掛けていますが、技術力の高さを武器に電装部品でも強さが光っています。自動運転の段階的な実用化が進む度に、同社製部品の使用点数が膨らんでいくことになるでしょう。

また、カーナビをはじめとするカーエレクトロニクス事業に的を絞ることで生き残りを果たした「パイオニア（6773）」も、自動運転が商機拡大の糸口となってくるのは必然だと思われます。現に、これまで培ってきた光ディスクの読み取り技術を活用し、周囲を3次元で把握できる自動運転向けの計測機器を開発し、年間売上高350億円の事業に育てることを目論んでいます。

同じくカーナビやカーオーディオを手掛ける「クラリオン（6796）」も、日立オートモティブシステムズと共同で先進運転支援システムの開発を推進中。さらに、日立製作所本体も交えた3社で、自動運転中に歩行者の動きを予測して衝突を回避する基本技術の開発に成功したそうです。

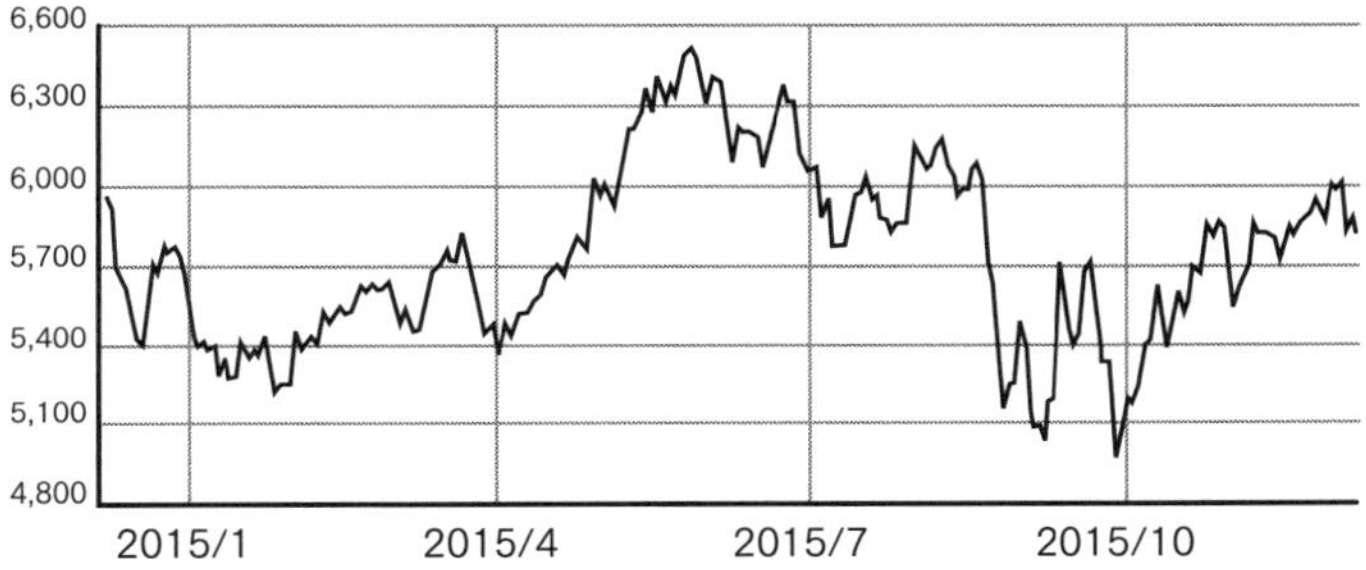

デンソー（６９０２）　1年日足チャート

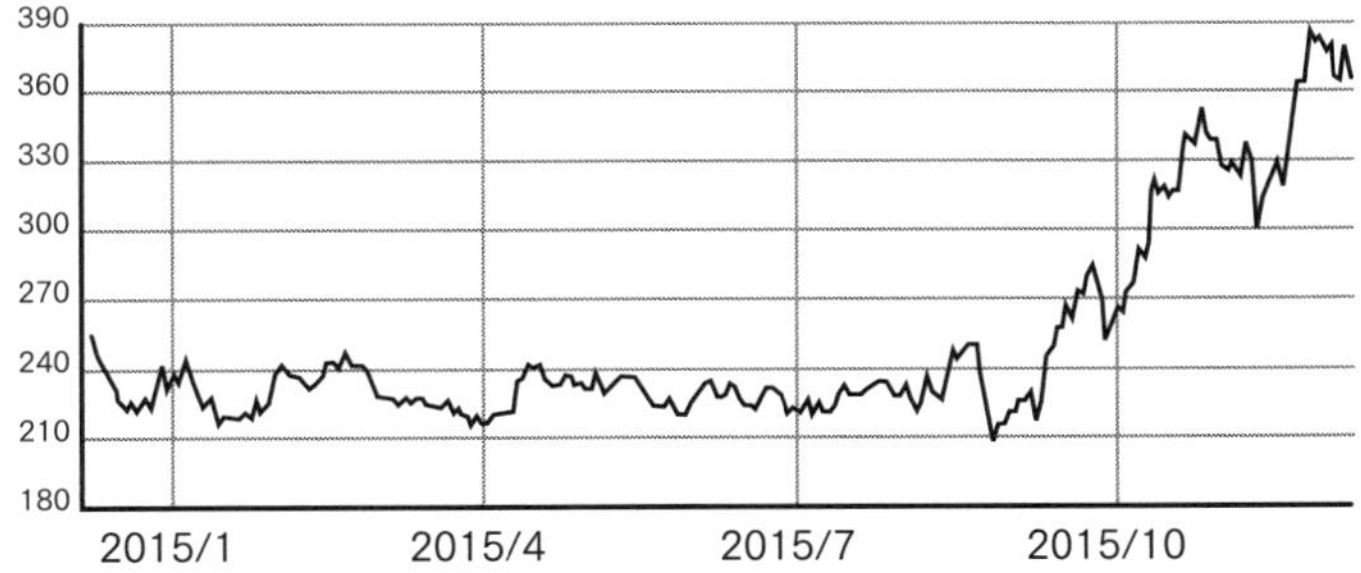

パイオニア（６７７３）　１年日足チャート

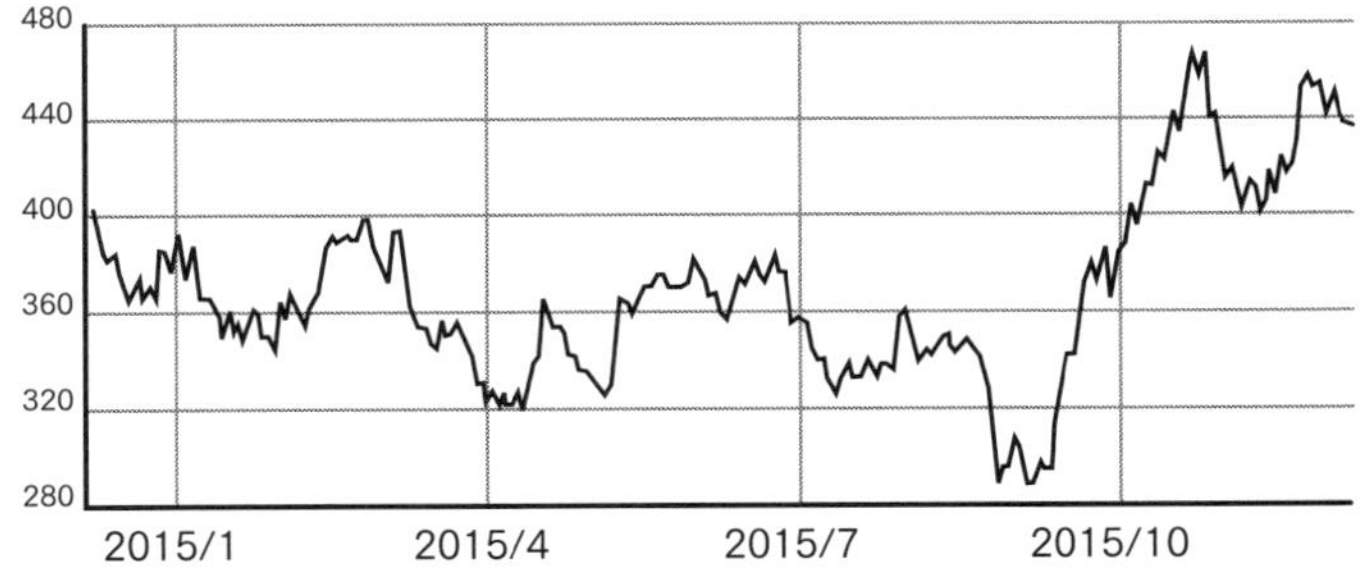

クラリオン（６７９６）　１年日足チャート

第5章

クロージングこそ株式投資だ

「これはバブルなのか？」と言う前に

株式投資に限った話ではないのでしょうが、何かが盛り上がる動きがうかがえたら、「ハメを外しすぎると、いずれしっぺ返しを受ける」的なことが言われがちです。たとえば株価だと、目を見張るような上昇を続けると、「またもやバブルと化しているのでは？」と疑われるのはその象徴でしょう。

実際、そう危惧するのは当然とも言えるような前例が何度もあるからです。平成バブルの崩壊から10年経ってようやく訪れた1999～2000年春のＩＴ大相場も一瞬にして崩れ、後に「ＩＴバブル」というレッテルを貼られてしまいました。

その後、今回のアベノミクス相場が始まる前にも、2007年頃をピークに相場の上昇が顕在化した局面がありました。不動産市場に不動産流動化という手法に乗じた資金が流入したものの、サブプライムショックとともに米国で相場の暴落が発生し、その影響が世界に波及していったのです。

こちらも不動産バブルとかクレジットバブルとか命名されていますが、このような「崩壊」と呼べるほど悲惨な結末を迎えずとも、相場が急上昇する度にバブルの可能性が取り沙汰されてきたことも確かでしょう。

しかしながら、下がりきっていた株価が大きく上がることや、上がりきった株価が大きく下がることは、至って当たり前の動きではないかと私は思います。

2015年の前半相場に関しても、年初に1万6500円台だった日経平均株価が4月には2万円超に到達したことから、にわかにバブルを懸念する声が出てきました。

そして、2度、3度とあった「中国懸念」で崩れると、「ほら、案の定!」と〝したり顔〟を決め込んだ人がいたかもしれません（それを当てても儲かることにはならないのですが）。

おそらく、少しでも相場が派手に上昇するとバブルを疑う風潮の根底には、今でも一部に「株であぶく銭（のようなもの）を稼ぐのはいかがなものか」といった意識があるからかもしれません。

けれど、実際にはまったく悪いことではありませんし、経済発展に貢献しているのは言うまでもないことです。

株価が上昇すると、株を買っていた人が儲かるのはもちろん、巷《ちまた》の景気だってどんどんよくなっていきます。

今後、史上最大のバブルがやってきた暁には、それこそ日本中で景気のいい話が聞こえてくるようになるでしょう（ちなみに「バブル」は崩壊して初めて「あれはバブルだったのだ」と認識されます）。

ひょっとして眉をひそめる人たちは、プチサイズのバブルすら皆無で、何の抑揚もない世の中を切望しているのでしょうか？

少なくとも私は、そのように全然ツマラナイ世の中で暮らしたいとは思いません。

本書を読んでいるみなさんも、「またまた株価が派手に上がってけしからん」と世の中の大多数が不機嫌になっている局面では、私とともに拍手喝采を送りながら狂喜していただきたいものです。

投資家なら、心底からこう願うのが本来ではないかと私は思います。

「バブルよもっと来い！　もっとブチ上がれ！」

実は私、「もう少し早く生まれていれば……」と今なお悔しがっていることがあります。

かつて平成バブル真っ盛りだった頃、私はまだ高校、大学に通う学生でした。株式投資の元手もなければ、知識や経験も持ち合わせていませんでした。

社会人になって株を本格的に取引するようになってから、「どうして自分は、あと10年早く生まれてこなかったのだろうか？　もしあと10年早く生まれていたならその時点でひと財産築けたのではないか」と地団駄を踏んでいます。

もちろん、だからこそ、その後のバブル崩壊直後に痛手を負わずにすんだ……という側面があることも事実ですが、それでも、もしも自分が10年早く生まれていて、当時、株式投資を行っていたら、崩壊前にちゃっかり売り抜けていた自信があります。

とにかく、貯蓄をせっせと積み上げていくのとは別次元のスピードで「お金が増える」可能性があるのが株の醍醐味《だいごみ》ですし、そのポテンシャルをとことん追求すれば、富裕層（ここでは金融資産1億円以上をイメージしています）になることも夢ではありません。

今、私が待望しているのは、さらなるアベノミクス、さらなる金融緩和によるとてつもない規模のバブル到来です。

先程、「10年早く生まれていたら……」とボヤいていたことは、実を言うと非常に重要な意味を有しています。

それは、バブルが訪れるタイミングと自分の年齢は何人たりとも制御できないという現実です。

多くの人たちは、60歳の定年や65歳の年金本格受給開始を機に第二の人生が始まるイメージを抱いていて、つまり人生の第一幕が下りるというイメージで、それまでに老後のための資産を築いておくといった目標を立てているのではないでしょうか？

ところが、実際にはそんなに自分にとってキリのいいところで、株式市場の上昇のタイミングが来るわけがありません。

あなたが生きている間にバブルが訪れる可能性もありますが、それは80歳を超えた時かもしれないのです。

その意味で、「老後に向けて……」という発想は私の内には存在していません。そういった話は、あくまで金融機関の広告のコピーの話だと認識しています。

こんなことを口にするのも、私が個人投資家としてとことん可能性を追求したいからです。バブルが到来するのが壮年期であろうが熟年期であろうが、待望のチャンスを大いに生かしたいと考えています。不謹慎な物言いかもしれませんが、誰しも残された時間が限られていることは紛れもない事実です。

私の個人投資家としての肌感覚では、2000年以降で一番のチャンスが目の前に迫っていると捉えています。

意外に感じるかもしれませんが、私にも会社勤めの経験があるので、何となく想像できることがあります。それは、特に大企業に勤めている人ほど、40代の半ば頃までにそれから先の自分のレールがほぼ見えてくることです。

「仮に出世してもこの程度までだろう」といったような諦めではなくても、今のペースで生きていけばこの付近に着地するという目測がつくようになってくることでしょう。

けれど、もしもあなたが好機を逃さず株で財を成したとしたら、先々の景色もガラリと変わってくるのではないでしょうか？

株式市場に潜んでいるチャンスに目を向ければ、まだまだ人生の終わりは見えてこないと私は思います。

そもそも平均寿命なんて単なる平均値にすぎず、自分がいつ死ぬのかはわかりません。「将来のことを……」などと考え出すと、その辺り（いわゆる平均寿命近辺）で幕を閉じるようなイメージがするので、私自身はそういった思考を好みません。

それがいつであったとしても、目の前にチャンスがやってくるなら、それを逃さずモノにすることが重要だと思うのです。

もちろん、株で大儲けを狙わずともすでに資産家となっている人たちもいます。

たとえば、私の知人は親がとある地域の大地主で、いずれは彼がその大部分を相続することになります。

しかし、現時点の彼自身はめぼしい金融資産を所有しておらず、付き合っている限りでもまったく裕福には見えません。

また、別の知人は取締役を務めていたベンチャー企業が株式を上場し、それを機に資産家となりました（応分の持ち株があったからです）。ところが、そんな彼もけっして満ち足りているようには見えないのです。

もしかすると株で大きな利益を狙うように、自らアクティブに動いた結果ではないからなのかもしれません。

株式市場では出自や学歴などでメリット、デメリットを被ることもなく、すべては自分の才覚一つです。自分次第で、大きなユメが現実となりうる世界です。勝者と敗者は厳然と分かれていくものですが、その時の勝者が将来の勝者というわけではありません。逆もまた然りです。

なかなか具合がいいのです。私はそう捉えています。

しかも、その目的は明確で、儲けることがすべてです。

その可能性を素直に追求するのが自然な姿です。

高値を当てようなどとは思わない

市場全体が上昇基調を続けていれば、たいていの銘柄は遅かれ早かれ、高値に向かっていくものです。

他のところでも述べたかもしれませんが、どの時点が最高値となるのかは、過ぎ去ってみなければ判明しません。

足元の相場が下げ基調であっても、ずっと過去の高値を超えられないと決まったわけではないのです。

このように、いつ、どこで、どれだけの高値をつけるのかは誰にも定かではありません。

だから、「高値はいくらぐらいになりそうか？」と思いめぐらすことにそれほど大きな意味はないのです。

また、高値がわからなければ投資ができないわけではまったくありません。本書でも繰り返し述べてきたように、株価を決めるのは投資家の動きであって、投資資金がどう動くのかに左右されるのです。

企業の今後の業績を見通そうという分析にしても、高値当てに近いと私は思います。着実に業績が伸びているからといって、必ずしも株価がそれにピッタリと比例するかたちで上がっていくとは限りません。

えてして、短期間のうちに先々の成長分まで織り込んで株価は急騰しがちです。そのうえ、どれだけ有望な分野でビジネスを展開していたとしても、10年間にわたって同率の高成長を遂げるのは至難の業でしょう。

必然的に、どんどんハードルが高くなっていくわけですから……。

ところが、前期よりも増益率が下がった途端、株式市場では「成長鈍化だ！」と悲観論が出て、売りが飛び交いがちになります。

このように、株価は常に先のことを織り込んで推移しがちで、いずれかの地点でワ

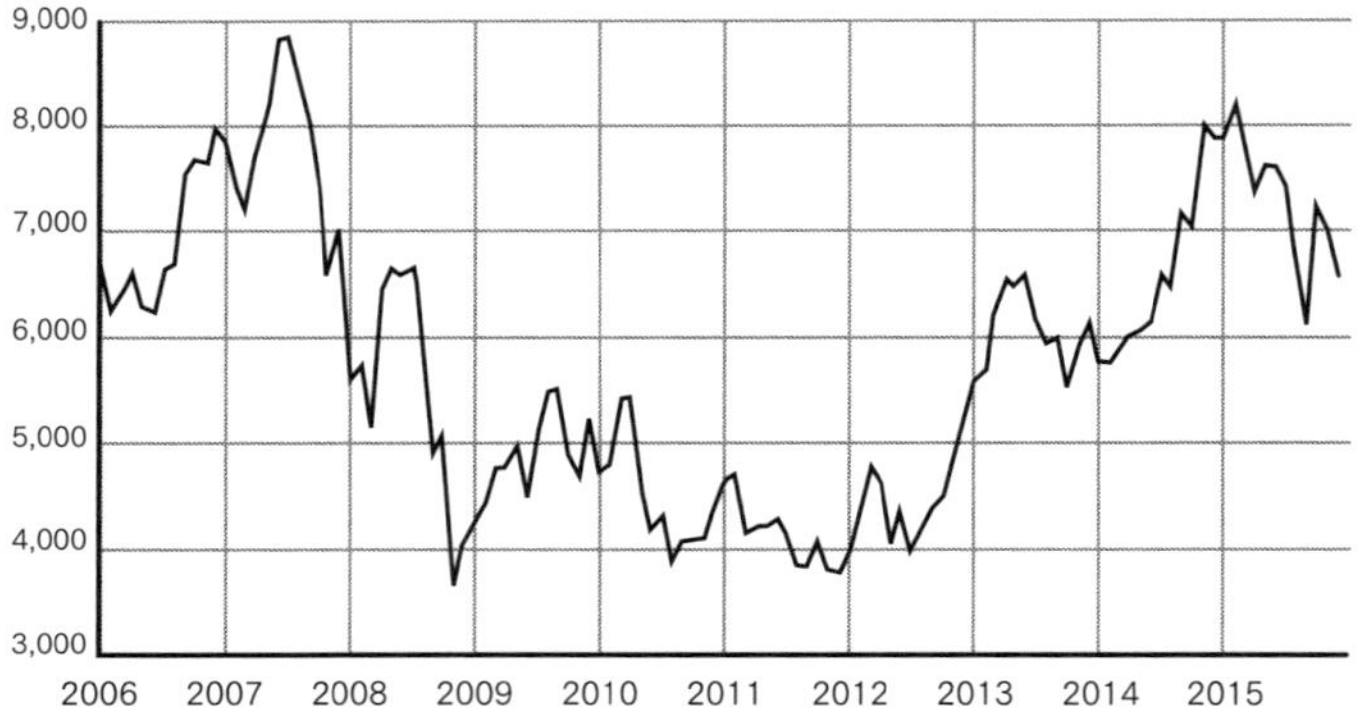

信越化学（４０６３）　10年月足チャート

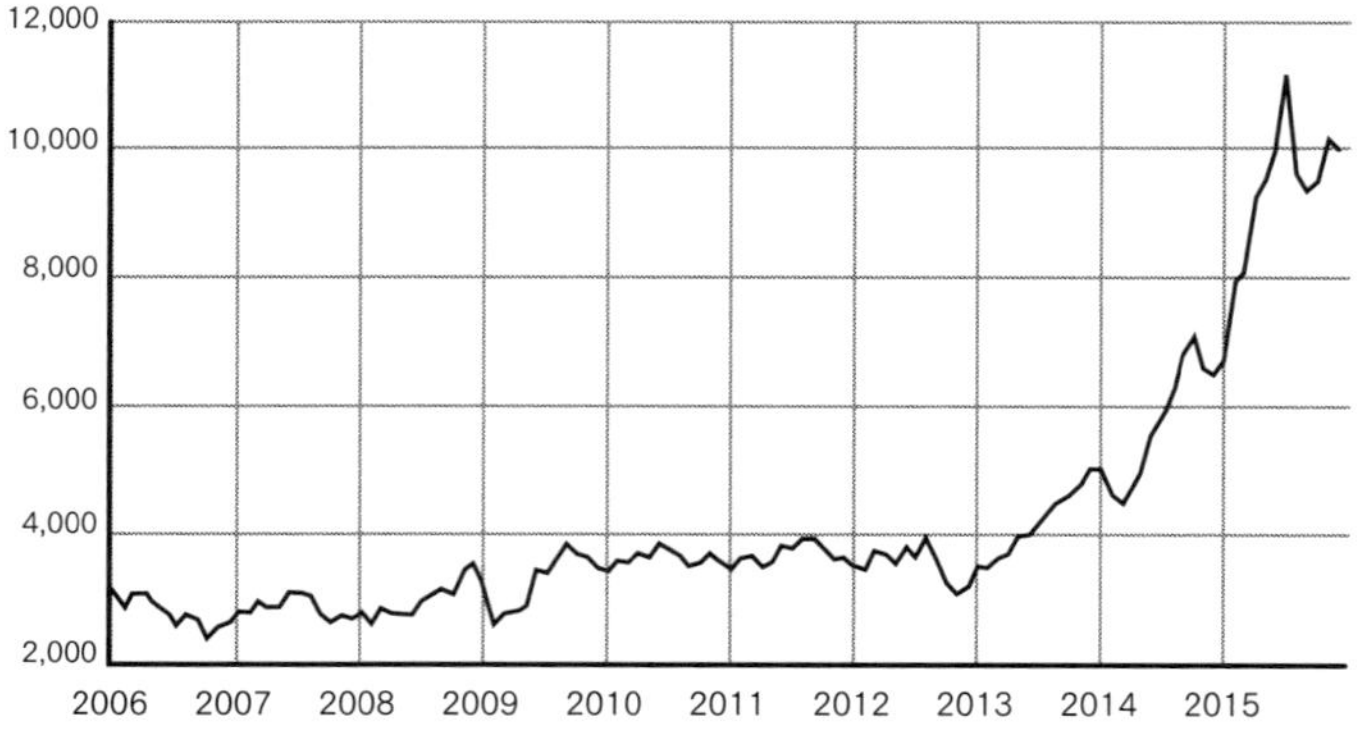

ニトリホールディングス（９８４３）　10年月足チャート

ーッと買いを集めれば、やがてどこかで売られる宿命です。

たとえば、絵に描いたような優良企業として知られる「信越化学工業（4063）」やこの時点で25期連続増益を続けている「ニトリホールディングス（9843）」の過去10年間の長期チャートに目を向ければ、業績の推移と株価の動きが必ずしもリンクしないことが明白でしょう。果たして株価はずっと上がり続けてきたのでしょうか？

このチャートを見て、「そう言えなくもないけれど……」と答えたとしたら、あなたはかなりのヘソ曲がりですね。

堅実で知られる「信越化学工業」の株価も、この10年の間に2分の1になったり、そこから2倍になったり、かなりのアップダウンを繰り返しています。

「ニトリホールディングス」は、なるほど急激な上昇をしていますが、明確にそうなってきたのはアベノミクスが始まった2012年末以降なのです。それ以前も、ニトリホールディングスは変わらず増益を続けていたわけですが、株価が大きく反応していたわけではないのです。

まさに「投資家が動かなければ株価は上昇しない（＝投資家が活発に動くと株価に反応がある）」ということになります。

このような超ピカピカの会社でさえ、たとえ業績がよくても売られる局面が訪れるわけです。

その観点からも、目の前で株価の上昇が顕著になっている局面では、まさに「イケる時はツベコベ講釈をたれる前にイケ！」で、即座に動くことを私は心掛けています。

そして、投資の利益は売って初めて確定するものです。最近、よく使われる表現としては「クロージング」というものです。

利益を確定するために株を売る時も「イケる時はイケ！」で、躊躇は禁物だと思います。

ただし、買いにせよ売りにせよ、ベストのタイミングでそれらを実行できるとも考えていません。「まだ上がるかも？」と欲をかきすぎると判断が余計に鈍ります。

自分の都合のいいように株価の動きをイメージしてしまうのです。

株価がその通りに動くことは稀です。もしかすると「真逆」の動きをするかもしれません。そうなるとせっかくうまくいって十分に出ていた利益がなくなってしまうかもしれないのです。

歴史的上昇相場は熱狂の中で崩壊する宿命

相場は悲観の中に生まれ、懐疑の中で育ち、楽観とともに成熟し、幸福感の中で消えていく――。

これは、米国の著名な投資家であるジョン・テンプルトンさんがおっしゃった言葉とか。彼は第二次世界大戦が勃発した直後にボロ株をまとめ買いしたり、終戦直後に市場全体がボロと化していた日本株に投資したりして巨額の利益を得たそうです。

その行為自体はいわゆる先回り買いの逆張り投資ですから、私自身はあまり肯定的な見方ができません。「まぁ、そんなこともあるよね」というくらいの感じです。

しかしながら、冒頭の言葉はなかなか真実を言い当てているのではないかと思います。

振り返れば、２０１２年12月にアベノミクス相場が始まる直前・直後は、まさに日本中が総悲観の状態だったのではありませんか？

そして、当初は株価の上昇があれほどまでのピッチであそこまで及ぶとは、ほとんどの人が想像できなかったことでしょう。

現在の株価水準など夢のまた夢だったはずです。

常に大相場の幕開けは、そのことにまだ気づいていない人のほうが圧倒的に多い状態において訪れるのです。

一方の幕引きについては、その正反対のパターンとなります。

平成バブル然り、ＩＴバブル然り、誰も彼もが熱狂して株を買いまくり、誰も彼も儲かっていることからいっそう楽観的になり、「まだまだイケる！」と思い始めた時点で、「終わりの始まり」が訪れているのです。

投資家がハッピーの絶頂に達した瞬間から次の買い手が出てこなくなり、相場は一気に瓦解していきます。そして、後にその現象はバブル崩壊と呼ばれるようになります。

大相場になればなるほど、ついつい多くの投資家がそれを忘れてしまうのですが、どれだけ株価が上がろうとも、どこかで必ず終わりが訪れるのが相場の大前提です。無論、それは古今東西を問わず、あらゆる相場に通ずる話なのです。

2015年の初夏にも中国株のバブルが崩壊したと大騒ぎになりましたが、あれも上がったものが下がるという必然的な現象。中国株においてはあの程度のアップダウンなど、過去に何度も繰り返してきたことです。

中国経済の減速傾向が顕著になったことを反映したと言われてきましたが、別にマイナス成長に陥ったわけではありません。

そして何より、冒頭でも触れたように、そういった悲観的な見解を示す人がいるうちは、バブルの完全崩壊には至らないものです。

日本はすでに平成バブルの崩壊から四半世紀が経ち、もはや大半の日本人は「終わりの始まり」のムードを忘れてしまったのかもしれません。

百歩譲って悲観論者の説が仮に本当だとして、中国につられて日経平均まで2万円を大きく割る水準まで下げたのが「終わりの始まり」であったなら、その前段で日本中が株に対して「総強気」になっていなければならないのです。

そうなっていたでしょうか？

けっしてそのようにはなっていませんでした。

中国株急落が発生する前から、「性急な2万円台回復は明らかにバブルだ」とか、株価上昇を批判する向きがそれなりに多かったのが事実でしょう。

だとすれば、「崩壊するはずがない！」と草葉の陰からテンプルトンさんもおっしゃるはずです。

熱狂とは、数字でビシッと計測できるものではありません。とはいえ、誰も彼もが同じ方向を凝視して同じことを口にしていれば、「こりゃ、明らかに行き過ぎた状況だ」と判断できます。

改めて質問しますが、今の相場は「総強気」になっていますか？　あるいは、逆に「総悲観」になっていますか？

きっと、どちらでもないと思った方が多数派だと思います。
ならば、これから奈落の底へ向かっていくとは思えないですが……。

「高みの見物」をする投資家が最強なのだ

誤解が生じがちなタイトルなので、最初にきちんと説明しておいたほうがいいでしょう。釈迦に説法かもしれませんが、「高みの見物」とは、周囲よりも高い場所から騒ぎを見物するように、身を一歩引いたスタンスで物事を観察することです。

さらに「興味本位で見ている」とか、「自分は騒ぎに巻き込まれない場所から」とかいったニュアンスも込められています。けっして、「慎重な姿勢で取り組んでください」などと忠言したいわけではありません。

つまり、「自分は大損を被らないように避難しつつ、眺めのいい場所から相場を見物している投資家が最も有利だ」と訴えたくて、本書の最後にこのような項目タイトルをつけました。ただし、それはあくまで期間限定の話であって、「いつも」という意味合いではありません。

90年代の前半がまさにそうでしたが、バブル崩壊直後の世の中はまだズタボロの状態に陥っていることを認識していません。相場の急落はあくまで一時的な現象で、誰もが希望を抱き、熱狂の日々が再び訪れることを確信していました。

しかしながら、先でも述べたように、総強気になれば間もなくバブルが完全崩壊するのがあらゆる相場における宿命なのです。

そのことを肝に銘じていれば、あなたは世間が超楽観的になっているのを横目に、いち早く売り抜けることができるでしょう。

そのうえで、バブルがパァーンと弾け散っていく光景を高みから見物し、真っ青な顔をしている人たちに「大変ですね」と声をかけてあげるわけです。高値で首尾よく手放したあなたにとっては、もはや完全に他人事ですから……。

もちろん、バブル崩壊にまでは至らない大掛かりな調整はいくらでも発生します。

それらと本当の最終章との違いを見極める目も求められてくるでしょう。

そういった意味でも、クロージングが極めて重要だと言えそうです。

株価の上昇局面でいかに多くの株を買うことができるか、その後の安値でどれだけ多くの株を買い増すことができるか……そして「熱狂時」に、それに同調しつつも、シレッと利益を確定（クロージング）できるか？　ということです。

投資はこのためにやっているのです。

過去の急落時を振り返ってみると、やはり発生前は総強気の状態になっており、発生直後は専門家たちの間で、「むやみに悲観視すべきではない。やがては……」といった論調が目立ちました。

後にリーマンショックにつながることとなった2007年夏のサブプライムショック直前・直後も、「米国の住宅バブルは弾けない」との強気論が飛び交っていました。それから約1年後にリーマン・ブラザーズが破綻に追い込まれて、ヤバイことになっていると痛感した格好です。

これに対し、今現在は株価が少しでも調整（急落というほどでもない）をすると、

「ほら、心配していた通りになった！　もうオシマイだ！」と騒ぎ立てている人たちが多いのではないでしょうか？　少なくとも、私の目にはそのように映っています。

もっと手短に言い切ってしまえば、要は「期待したり失望したり」を繰り返している状況なのです。

つまり、総強気にまで発展する本格的な上昇相場にはまだ至っていないということでしょう。

本格上昇相場のプレステージに該当するのかもしれません。とにかく上昇基調がポキンと折れない限り、私は株で儲けることに没頭します。

心底から勝ちたいと思っている個人投資家なのですから、それは極めて当然の行為です。

そして、誰も彼もがいっせいに後ろを追いかけ始めたら、さっさとバトンを渡してクロージングを行い、高みの見物をするつもりでいます。

彼らの集団の背後には後続者はそれほどいないことになるでしょう。「東京オリンピックが2020年に開催されるから……そこが高値になる」と思っている人が多ければ、その前に高値が形成されると見ています。

おそらく、そういう人が増えてくることで日経平均株価は高値を更新し、いっそう強気ムードが蔓延してくることでしょう。その時には「東京オリンピック高値説」が絶対的な指針として形成されているかもしれません。

ところが、その時点からほどなくして相場が〝ガス欠〟の状態に陥るのは間違いありません。出来高も猛烈な減少を示していくでしょう。

次の段階では、相場は凄まじい勢いで下落しますが、その時点では「押し目買いの好機！」と捉える投資家のほうが大半で、彼らは資金が底をつくまで買い下がっていくでしょう。

その時に「高みの見物」になっている人は、そんな彼らにこう声をかけることでしょう。

「へぇ、株をやっておられるのですか？　私は小心者ですから、おっかなくて今の株には手を出せません」

市場の外に出て高みの見物をしているからこそ、こうした余裕の発言ができるわけです。少し売買をしていたとしても、多額をつぎ込むことはしていないからです。

もちろん一旦ストップしたとしても、永遠に株式投資をしないわけではありません。大相場の終焉後、しばらくは低迷するものの、ほとぼりが冷めれば、やがてはまたもや熱狂相場がやってくるのが常だからです。

私はそれを見逃さずに参戦し、懲りずに崩壊必至の市場に飛び込んでいく投資家の動きを中心に見ながら、その時も総強気になる前に資金を引き揚げるつもりです。

いかがでしょうか?

残念ながら、すべての人がそうなることは不可能です。最終局面で超強気になってくれる投資家が必要ですからそういうことになります。

とはいえ、少なくとも本書を最後まで読んでくれた読者のみなさんには、ぜひとも「みんなが強気になった初期〜中期での高みの見物」を決め込んでいただきたいと私は切に願っています。

クロージングするために株式投資は行うものなのです。

おわりに　～常に少数派であるために～

平日午前9時に東京株式市場の売買がスタートします。

前日の海外市場の動向、最新ニュースにもザッと目を通し、「今朝はこんな感じになるかな？」とある程度の予想をしたうえでその様子を見ていきます。

予想通りに動き出した時は「ほら、思った通りだ！」となり一安心しますが、そうでない時は（仮に株価が上昇したとしても）、

「株式市場と自分との間にギャップがある」

と認識し、頭の中を整理・修正していきます。その時には「相場は常に正しい。間違っているのは自分だ」と思い込むようにしています。自己否定にもつながるものなので、思い込まなければなかなか納得できるものではないからです。

そして銘柄の動きをドンドン見ていきます。

・値上がり率上位・下位

・年初来高値、上場来高値更新銘柄

を筆頭に、ニュースに反応している銘柄の動きを見ていきます。

その後、業種別騰落率上位・下位を確認し、その業種の中心銘柄の株価をチェックしていきます。

そして出来高上位銘柄、売買代金上位銘柄の動きを見ます。

これで、だいたいのことが摑めます。

その間約15分といったところでしょうか。

午前9時直後は、前日の売買が午後3時に終了した後のことをすべて織り込むので、特に集中したい時間帯です。

そこから実際の売買をしていきます。

もちろん売買をしない日もありますし、寄り付きと同時に売買をすることもありますが……これが概ね私の日常です（特別なことはしていません）。

長年続けています。

本書では、今、株で儲けるための私の視点を網羅しました。

この先しばらくは、この視点でいけそうだと思っています。

唐突ですが、みなさんに質問があります。

「株式投資では儲ける人が多いのか？　そうでない人が多いのか？」というものです。

実は……完璧な答えは用意されていません。

それでも、前者が「少数派」で後者が「多数派」だということは昔から言われていることですので、そうなのだろうと思います。

株価が上昇局面にある中では前者の数が増えますが、では後者の数が減るのかというと「うーん、どうだろうな？」となってしまいます。

株価が上下する中で、前者に位置していた人が急に後者に入ってしまうことも起こるため、そういう印象があるのだと思います。

常に少数派であるための努力が要りそうです。

本書で書いている視点は、個人投資家においては間違いなく「少数派の視点」だと確信します。
「それならいいかも」と思っていただければ幸いです。

目指せ！　株で億万長者！

＊天海源一郎オフィシャルWebから
ほぼ日刊メルマガ『天海のつぶやき』（無料）がご登録になれます！
http://www.tenkai.biz

〈著者紹介〉
天海源一郎　株式ジャーナリスト／個人投資家。1968年大阪市生まれ。関西大学社会学部卒業後、ラジオNIKKEI（旧ラジオたんぱ）入社。2004年独立後、個人投資家向けの執筆、講演、プロデュースなどに精力的に取り組んでいる。個人投資家が儲けるための投資の啓蒙をライフワークとする。『夕刊フジ』（産経新聞）にて毎週木曜日「天海源一郎の株式フジ」連載中。『週刊現代』『FRIDAY』（ともに講談社）、『サンデー毎日』（毎日新聞出版）、『ネットマネー』（産経新聞出版）、『BIGtomorrow』（青春出版社）等、各種メディアで活躍。
Facebook https://www.facebook.com/tenkai.genichiro

こんな時代に
たっぷり稼げる株の見つけ方
2016年1月25日　第1刷発行

GENTOSHA

著　者　天海源一郎
発行者　見城 徹

発行所　株式会社 幻冬舎
〒151-0051 東京都渋谷区千駄ヶ谷4-9-7

電話：03(5411)6211(編集)
03(5411)6222(営業)
振替：00120-8-767643
印刷・製本所：中央精版印刷株式会社

検印廃止

ISBN978-4-344-02883-8 C0095
幻冬舎ホームページアドレス　http://www.gentosha.co.jp/

この本に関するご意見・ご感想をメールでお寄せいただく場合は、
comment@gentosha.co.jpまで。